入口

互联网+时代才刚刚开始

侯玉斌 著

华夏出版社
HUAXIA PUBLISHING HOUSE

前言：我为什么说"互联网+"时代才刚刚开始

　　一个简单的App就颠覆了整个租车市场，在短短的几个月时间内，就俘获了上千万的用户，让原本固有的电召用车平台成为摆设，很多人如梦初醒，"互联网+"时代来了，有人惊呼，那些找到新大陆的野蛮人来了，几乎所有的行业都将被洗劫一空。

　　今非昔比，看看我们今天商业的发展，速度快到让我们的脚步永远跟不上。在"互联网+"这个概念出现之前，我们能想到的规模化的方式应该只有在生产型企业的流水线上，我们根本找不到在别的领域中解决标准化的问题，实际上，除了流水线上的产品之外，我们也没有必要用标准化来面对用户。在过去，我们能看到很多零散的小手工作坊，像街头的小理发店，一般是一个师傅带着三五个学徒工，就能服务好这家店所在的社区，但是现在呢？我们再看社区里的理发店，还剩几家还能以这种形式生存呢？同样，那些小型超市、小饭馆、手机店、服装店，等等，在短短的时间里，这些实体店一下子就少了，甚至有的经营了十多年的店面突然消失了，这是为什么呢？与此同时，我们发现，有些实体店突然就涌现出来，顾客络绎不绝，甚至需要提前一个星期预约才可能排上号，这又是为什么呢？

在过去的20多年中，企业对互联网的运用，主要集中在销售和推广上，并由此诞生了阿里巴巴、京东等平台以及SEO推广、BBS营销、门户营销等专有名词，那些成功的企业，无疑是最先吃螃蟹的，因此，有人提出，"站在风口，猪都能飞起来"，很多人以为，"互联网+"时代的创业，只需要一张PPT、一个朴实无华的创始人、一个"性感的故事"足矣。但是，当"猪"真的被公众捧上天之后，我们猛然发现，原来，要解决让猪飞上天的问题也许并不复杂，但要解决猪飞上天之后的问题的确有些难度。

当我们打开百度中"淘宝假货"这一关键词时，至少能找到不下于150万个词条；当我们看到京东的年报时，我们发现它每年持续亏损数亿元；当很多人都认为小米战无不胜时，我们觉察到它其实正走在一段看似没有路灯的夜路；当我们探究众多孵化器、互联网创投项目中时，我们发现，有太多太多的"故事"已经悄悄地变成了"事故"，而这些正是我们出版这本书的目的所在，就像在冬天泡温泉的人，要从60摄氏度的热水池中从走出来，在0摄氏度的水池中泡一会儿，用一种"火与冰共存"的全新思维看待"互联网+"，看清我们生活的商业时代究竟隐藏着怎样的商业规律。

对创业者来说，这是一个最好的时代，也是一个最坏的时代。只要顺势而为，甚至可以用短暂的时间颠覆一个存在了上百年的行业，同时，太容易得来的成功往往死得也更容易，究竟谁最后能生存下来，要看他能否真正领悟到这个商业社会的真谛。我们看到了太多企业的生死，看到了太多的外来户以及后来的搅局者，我的生存之道只有四个字：心存敬畏。我对任何一个人、一个新生事物甚至仅仅是一个点子都心存敬畏。当我用这样一种心态面对我的所有客户时，我发现，"互联网+"时代才刚刚开始，也许，我们才刚刚找到了商业的入口，这正是这本书的命题所在。

目 录

第一章
互联网正在改变一切

当时，互联网只有文字 /2
互联网时代颠覆世界的技术是用户创造的 /8
当星巴克还在沉睡 /14
途牛插上"互联网+"的翅膀 /19

第二章
传统与非传统企业必须与移动互联网联姻

人人都是自媒体 /28
我为什么要辞职去卖肉夹馍 /35

免费的是最贵的 /41

"昂贵"的粉丝 /47

第三章
归属感

用户对企业的需求将越来越多 /54

个性化 /60

柯达是怎么死的 /66

贩卖参与感 /72

第四章
企业架构要跟着"互联网+"随时变化

你的公司为什么内耗越来越大？ /80

未来在于一切互联 /86

"互联网+"的企业 /92

赚钱是有的企业死亡的根本原因 /98

第五章
大数据到底是什么

对商业来说，数据就是未来的石油能源 /106
BAT 三巨头之争即是数据之争 /112
入口在哪里？/118
如何打造你的黏性 /124

第六章
"互联网+"的新商业革命（跨界）

O2O 之初 /130
互联网金融，支付是发展的源头 /137
当小米和格力的赌局没有结局时，一切才刚刚开始 /144
电影业的春天 /151

第七章
"互联网+"风口与创造刚需

极致 /160

小而美 /166

"互联网+"时代永远相信专注 /172

互联网思维的陷阱 /176

第八章
入　口

必要 /182

互联网人做的东西要更轻一些 /188

痛点在哪里 /192

"互联网+"，大众创业、万众创新的平台 /195

第一章
互联网正在改变一切

当时,互联网只有文字

互联网时代颠覆世界的技术是用户创造的

当星巴克还在沉睡

途牛插上"互联网+"的翅膀

入口:"互联网+"时代才刚刚开始

当时,互联网只有文字

1997年,改革开放的总设计师邓小平去世,似乎宣告了一个时代的结束。

就在1997年,丁磊创建了网易,张朝阳创建了搜狐,王志东创建了新浪。这三个意气风发的青年,向世人宣布了中国互联网元年的到来。

1997年5月,丁磊创建网易公司,首次推出全中文搜索引擎服务。此后的两年,网易创造了很多个中国互联网的第一。例如,1998年2月,中国第一个全中文界面的免费邮件系统诞生。

短短三年后,也就是2000年,网易、搜狐和新浪三大门户网站在美国纳斯达克上市,产生了第一位来自互联网行业的中国首富——丁磊。

从互联网行业走出了中国首富,意味着互联网在中国从舞台边缘走向中央,从无人关注的小行业成为万众瞩目的大产业。

再看看，2015年世界市值最高的十大互联网公司中，中国的阿里巴巴、腾讯和百度公司占去了三个席位，分别位列第5位、第7位、第8位。

之前，中国是全球第77个接入国际互联网的国家，而现在中国却成了举世瞩目的"互联网大国"。

最初互联网只有文字，但在短短的40多年内一切都改变了。它重写了商业模式和商业规则，深刻地改变了各行各业以及人类的思想。

我们有必要回顾一下这段波澜壮阔的历史。

互联网的诞生与冷战有关。1957年，苏联发射了人类第一颗人造地球卫星伴侣号。

伴侣号的发射成功为世界的政治、军事、技术、科学领域带来了新的变化，它标志着人类航天时代的到来，也意味着作为冷战的另一方——美国——在科技领域落后于苏联了。

那个时代，一切科技的进步都和国防联系紧密。美国人因此感到了严重的威胁，于是下定决心赶超苏联。美国人就是在这样的形势下发展互联网的。

仅仅两个月后，美国总统艾森豪威尔就向国会提出建立国防高级研究计划署，简称"阿帕"。阿帕即刻获得美国国会批准的520万美元的筹备金以及2亿美元的项目总预算，其研究总部就设在五角大楼。

1983年1月，美国科学家确定TCP/IP协议。TCP/IP成为人类至今共同遵循的网络传输控制协议。这标志着国际互联网的诞生。

这时的互联网只有文字，没有图像，其功能仅限于信息的相互传输。

1990年12月25日，万维网被发明。万维网使互联网增加了图像、声音。互联网变得更加丰富，这也使得互联网得到了前所未有的普及。

1993年，马克·安德里森等人开发出互联网浏览器"Mosaic"。这一软件后来被作为网景浏览器（Netscape Navigator）推向市场。从此以后，互联网改变了人类的命运。

在20世纪90年代，商业机构开始进入互联网。他们一方面收购原由政府出资经营的主干网，另一方面开始经营自己的商业网站，并与主干网连接。商业化促使互联网真正地属于所有人类，而不是任何国家、机构、组织。

1993年，正在美国斯坦福大学读博士学位的美籍华人杨致远创建了雅虎搜索网站。1996年4月12日，雅虎正式在华尔街上市，上市第一天的股票总价达到5亿美元，杨致远的个人资产在一瞬间飞升为1.7亿美元。

1998年，雅虎的总收入达到2.03亿美元，利润总额2500万美元。进入1999年后，雅虎的股票市值已经接近380亿美元，超过波音公司。

1995年，贝佐斯决定在互联网上销售产品，亚马逊网站从此诞生。到1999年，亚马逊网上书店成为全球第三大图书销售商。1999年10月，亚马逊网站收入达到3.56亿美元，自1997年公开上市到1998年年底，其股票价格飙升了2300%。

互联网经济给美国人和世界各地的其他人带来了极大的震撼，因此有人这样说，互联网经济3年等于工业经济70年！

1994年4月20日，通过一条64K的国际专线，中国接入国际互联网。中国的互联网时代从此开启，中国也成为互联网大家庭的成员之一，是第77位成员。

在短短的20多年，中国互联网成为中国经济发展的巨大引擎，产生了前所未有的能量。

与网易的丁磊一样，互联网出身的马云在2014年也成为中国首富。

2014年9月19日，阿里巴巴集团在纽约证券交易所正式挂牌上市。2016年4月6日，阿里巴巴成为全球最大的零售交易平台。

阿里巴巴的成功也是互联网对世界的影响的缩影。

1995年4月，马云从美国西雅图回来，信心满满地开始创业。他拿着东拼西凑的10万元创办了第一家互联网公司——浙江海博网络技术有限公司。海博公司以在线工商企业名录的形式在网络运营，这便是中国有史以来第一家真正意义上的商业网站——中国黄页。网页十分简单，也只有文字。

中国黄页是一个在线目录，可以帮助国内企业寻找海外客户。马云不知疲倦地向传统企业推荐该服务，并不断地拍摄照片，搜集信息，将信息译成英语，发布到互联网上。

中国黄页开始改变中国传统的商业习惯，人们开始从互联网上获得商业信息。

1999年9月，马云在杭州的家中成立阿里巴巴公司。阿里巴巴实现了中国和世界的无缝对接，中国企业的国际贸易成本大幅下降。

2003年5月10日，马云创立淘宝网，一大批小工厂纷纷开了自己的淘宝店铺，实现了从工厂直接到消费者的直销模式，大幅减少了中间成本。

从此，中国人的消费习惯被互联网改变，而中国的传统零售业、流通业和制造业因此重塑。阿里巴巴的淘宝、天猫也一次次地刷新了网络购物的纪录。阿里巴巴发明的"双11购物节"被其他各大电商所模仿，从根本上改变了人们的购物体验。

阿里巴巴深刻地改变了中国人的生活和生产方式以后，阿里巴巴的支付宝又开始了对传统银行业的冲击。

2004年12月，马云创立第三方网上支付平台支付宝，进入了传统银行的支付结算领域。支付宝成功解决了网络买卖双方的信任问题，中国的电子商务交易获得了极大的发展。

2013年，阿里巴巴又推出余额宝，全面开启了网络理财时代。

互联网对传统行业如制造业、银行业产生了难以逆转的影响。比如，苏宁电器做起了电商，成立了苏宁易购公司。但是与此同时，阿里巴巴也涉足传统行业，如阿里巴巴投资成立菜鸟物流公司。

截至2015年12月，中国网民达6.88亿人，互联网普及率达到50.3%，过半数的中国人已经接入互联网。

人的衣、食、住、行、教育、娱乐都被互联网所改变。人们通过互联网搜索信息，获取知识；人们通过互联网社交平台进行交流和娱乐；人们通过电子商务购物，等等。

在今天这个移动互联网的时代，新兴的商业模式层出不穷，不断更新着人们的生活方式和工作方式，更多创新的商业模式将会涌现，人们的生活将日新月异。

入口："互联网+"时代才刚刚开始

互联网时代颠覆世界的技术是用户创造的

2012年5月18日，全球最大的社交网站脸书正式上市。脸书将其IPO的售股规模上调至大约4.21亿股。按照每股38美元计算，脸书将超过谷歌，成为硅谷有史以来规模最大的IPO。持有公司28.4%股份的创始人扎克伯格，身家将达到近300亿美元。

脸书彻底颠覆了传统的网站架构，将提供各种网络服务与提供网络社交服务这两种类型合二为一。

同时，脸书做的是深度和全方位的开放，开放了平台的源代码，开放了面向第三方服务的多种接口，还开放了网站间平等贯通的机制。脸书成为一个开放的互联网时代的推动者和开放中心。

由此，脸书也重组了互联网行业的产业链和价值链，重新定义了游戏规则，创造了新的市场价值，也降低了用户享用网络服务的成本。脸书也被称为全球最具颠覆性的互联网科技公司之一。

不可否认，扎克伯格的成功来源于对用户需求的敏感和重视。在互联网时代，主动权掌握在用户的手中。企业家的根本工作是挖掘客户的需求，并满足客户不断变化和增长的需求。这是互联网企业与传统企业的根本不同之处，即互联网企业以用户为中心。所以，对于互联网公司，用户体验往往比技术更重要。

尽管脸书在不停地推出新服务，但脸书并没有改变其理念，即以用户为中心。

2014年，脸书延伸了"以用户为中心"的内涵，脸书内部将不会使用"日均用户"这个词，而是用"日均人数"。

脸书认为，用户这个词很傲慢，人们在使用你的产品之外也有生活，也是"人"，所以，在"以用户为中心"的设计中，第一步就是认清用户是一个完整的"人"。从这一点可见脸书对用户体验的无止境的追求。

这就不得不说到扎克伯格的创业史了。

1984年5月14日，扎克伯格生于美国纽约州白原市。扎克伯格在上中学时开始对写程序感兴趣，他的父亲也曾经教他编写程序，之后又聘请软件研发者专门辅导他。扎克伯格的老师曾经说过，扎克伯格是一个神童。

扎克伯格在上高中的同时，在纽约的私立大学上课，他非常喜欢程序设计，参与开发了几款软件程序。在这个时候，微软和美国在线公司发现了他，他们都想招揽他，但是他拒绝了。

2002年9月，扎克伯格就读哈佛大学，就此他迎来自己人生的转折。

在哈佛，扎克伯格被称为"程序神人"。

大二的时候，扎克伯格开发出一款程序，这是一个依据其他学生选课逻辑而让用户参考选课的程序。一段时间后，扎克伯格又开发出名为Facemash的程序，这就是脸书的雏形。

根据扎克伯格室友的回忆，扎克伯格开发这一款程序的原因只是因为好玩。这位室友说："起初，他创建一个网站，放上几张照片，两张男生照片和两张女生照片，浏览者可以选择哪一张最'辣'，并且根据投票结果来排行。"

没想到，这个程序一下子击中了哈佛学生的兴趣，并极大地激发了他们的参与热情。在该竞赛进行了一个周末之后，哈佛的服务器被"灌爆"，并被校方关闭，学生不再获准进入这个网站。

由于很多学生反映他们的照片未经授权就被使用，扎克伯格为此公开道歉。但是，Facemash的成功让他有了新的想法。他并没有因为公开检讨就放弃对这款程序的研究，有很多同学要求他办一个包含照片和交往细节的校内网站。

扎克伯格非常重视同学们的需求，他认为这是一个机会，尽管他当时并没想到未来的事情。

2004年2月，扎克伯格突发奇想，要建立一个网站作为哈佛大学学生交流的平台。他只用了大概一个星期的时间，就建立起了名为脸书的网站。

网站一开通，立即在哈佛学生中间引起轰动。在短短的几个星期内，哈佛一半以上的大学部学生都登记加入会员，并主动提供他们最私密的个人数据，如姓名、地址、兴趣爱好以及照片等。

哈佛的学生们利用这个免费平台掌握朋友的最新动态、和朋友聊天、搜寻新朋友、分享个人生活等。

在哈佛占据了绝对优势以后，脸书向周边的大学开放，并缓慢地向其他常春藤大学扩展。后来加入了高中，之后是公司，最后才开放给所有的用户。

与传统社交方式相比，网络社交跨越了时空的限制，可以使人交到更多的朋友，并能够分享更多人的生活和体验。网络社交还包容了一大批不擅长与别人分享自己情感状态的人，并满足了大部分人倾诉自己的困惑、挫折、烦恼的心理需求，因为大部分人都不会当面跟别人讲述这些，网络提供了这样的渠道……总而言之，网络社交适应了人们新的社交需求。

脸书的巨大成功使扎克伯格放弃学业，投入当时热火朝天的全球创业大潮中。如今，脸书已成为世界上最重要的社交网站之一，扎克伯格本人也因此成为世界上最年轻的亿万富翁。

脸书的发展历程完美地体现了用户在互联网时代的重要性。

同样，在中国也产生了一批类似于脸书的企业。在中国互联网行业，腾讯的社交产品一直处于领先地位。

微信是腾讯近年来的航母级产品。以前，中国互联网的产品总是有意无意地模仿欧美的互联网产品。但是，微信的诞生意味着中国第一次超过西方的创新速度。现如今，微信已经深刻地影响了我们的生活和社交方式。

微信和脸书一样具有极强的颠覆性。微信正在颠覆互联网的缔造者——电信运营商。人们很少再使用收费的短信收发信息，而是使用免费的微信收发信息。

微信属于即时通讯平台，主打熟人社交。它满足了熟人社交的需求，这是微信的出新之处。在设计上，微信也处处体现着开发者的良苦用心。马化腾说："微信没有在线或离线的概念，所以它还不完全是一个即时通讯，即时通讯最重要的特点是在线，是Online（在线）还是Off-line（离线）立即告诉你。国外的whataApp（一款用于智能手机之间通讯的应用程序）和其他产品都有这个概念，我们是故意不要的，包括Kil（一款基于手机通讯录的社交软件）以前都有在线概念，我们思考了很久，还是不走那条路，就是要做没有在线状态的微信。离线和在线的意义是不大的，所以我们把这个抛弃，因为看你在线，他知道你一定能收到或者说一定会阅读，我们把用户的这种心理压力考虑得比较多一点。"

事实上，中国的互联网企业屡次运用"用户体验"击败进入中国的国际互联网公司。而国外的互联网产品一拿到中国，一定会经过本土化的改造，例如，各大手机公司都会对安卓系统进行深度优化。

中国的互联网公司都非常清楚，只有以用户为中心，尊重用户才是企业发展的阳光大道。

当星巴克还在沉睡

2008 年 3 月，"我的星巴克点子"网站首次亮相。星巴克的客户可以在这里留言和讨论，并参与投票。星巴克也实现了与顾客无缝连接的目标。这是星巴克开启全面互联网转型的第一步。

接着，星巴克进军推特和脸书。2010 年，星巴克是第一家在脸书上获得 1000 万个"赞"的品牌。在 2013 年一项"社交媒体参与度最高的 100 大品牌"的评选中，星巴克以 127 的总分获得第一名。2015 年，星巴克在脸书上就有 3500 多万粉丝了。如今，星巴克已经发展为脸书、推特等社交媒体上最受欢迎的食品公司。

通过互联网社交平台，星巴克与顾客建立了更多的情感交流，消费者对星巴克的品牌认同感得到了更大的提升。

《时代》周刊曾经做过一项调研,要测试对象在每天上班所带"钱包和手机"或"午餐和手机"之间进行二选一,结果显示,44%的人选择手机而不是钱包,66%的人选择手机而不是午餐;另外,68%的成年人称他们睡觉时会将手机放在床边;89%的人说他们每天都离不开手机,一天没有手机,他们会感觉无法生活。这一调查结果使星巴克决定聚焦移动互联网。

2009年,星巴克发布了自己第一款手机应用客户端。虽然这款手机应用客户端的功能乏善可陈,但谁也没有想到这款手机应用客户端最终会使得星巴克成为在移动互联网中的最活跃的零售公司。

2010年,星巴克在北美宣布店内启用星巴克数字网络。顾客在星巴克门店内,可以通过免费的无线网络,免费阅读《华尔街日报》《纽约时报》《今日美国》《经济学人》等,并免费收看各种精彩的电视节目和体育赛事。

星巴克还和雅虎、苹果公司合作,客户因此能够享受到免费电子书籍和免费的音乐下载。

2011年,星巴克的手机应用端开始升级,并首次整合了移动支付功能。用户通过会员卡号登录账户后,不仅可以查询所有个人账户信息,还能在此直接完成个人信用卡对会员卡的充值。

在星巴克门店消费时,在收银台直接扫描手机应用中的会员账号二维码,就能完成支付。移动支付平均只需花费6秒钟,比在柜台刷信用卡节省近三分之二的时间。

2012年8月，星巴克投资了移动支付公司Square（方形科技公司），共同合作设计出了一种操作简便的移动付费和社交应用程序，供安卓或苹果手机用户使用。

对于零售行业而言，移动支付是大势所趋。这不仅能避免顾客在排长队时失去耐心、放弃购物，还能带动更多产品的销售。

到2014年为止，在星巴克的交易数量中，来自移动支付的总交易数量已高达6000万笔。

2016年，星巴克正式推出为中国会员量身定制的移动支付。星享俱乐部会员通过在最新的星巴克App中绑定星礼卡，就能即时开启星巴克移动支付。同时，星礼卡的充值功能令其成为名副其实的星巴克移动钱包。

星巴克会员只需手机在握，就能轻松畅享一站式数字星体验，满足他们从寻找门店、获取资讯、积累星星、管理卡片、兑换好礼到移动支付的全方位需求。

作为传统企业的星巴克在互联网领域深耕多年，今天我们总说企业转型，而星巴克早已经出发，并获得了一定的成绩，这就不得不佩服星巴克的远见了。

在20世纪90年代，"互联网旋风"席卷美国的商业领域。1992年，AOL（美国在线服务公司）成为第一家公开上市的互联网公司，一举筹集了6600万美元。互联网企业一下子成为主流。随着网景、雅虎、亚马逊、易贝、谷歌等一批互联网企业的崛起，人们开始在网上购物、营销、搜索信息……

互联网开始颠覆传统的商业模式。

1998年，星巴克官方网站Starbucks.com上线了，以方便越来越多的网民通过网站来了解星巴克。

1999年，星巴克首席执行官兼董事长舒尔茨充分地意识到互联网的巨大影响和传统企业互联网转型的趋势时，他兴冲冲地向外界宣告星巴克要变成一家互联网企业。

按他的设想，星巴克将推出门户网站，在线销售咖啡和厨房用品，并向一家在线聊天公司投资2000万美元。可是，星巴克股价当天应声下跌15%。显然，投资者们并没有意识到互联网对于传统企业的巨大影响力。

投资者对舒尔茨的想法难以理解，他们对舒尔茨的投资力度更是感到震惊。舒尔茨后来对媒体承认，"我在这件事上摔了跟头"。

2000年，舒尔茨从首席执行官的位子上退下来，担任公司主席。

2007年，金融危机爆发的前一年，星巴克开始走下坡路。舒尔茨毅然决然重返一线，再次担任首席执行官。

舒尔茨再次意识到星巴克进行互联网改革的必要性。他说："其实从我的两个十多岁的孩子身上，就能发现这种变化，他们依赖笔记本电脑和手机进行交流、娱乐、学习。"

但是，星巴克的管理层对舒尔茨的观点还是不理解。因为星巴克2007年的市值已经达到240亿美元，比1992年上市时的市值翻了96倍。而且，每星期，星巴克的门店都能迎来 4500 万名顾客，是这一领域全世界当之无愧的客流量最大的零售商。

但是，舒尔茨仍然十分坚定改革的信念，当时他说："20 年来我一直强调，我们的成功不是命中注定的，现在这句话应验了，让我们回归核心精神吧。我们要推行改革，再一次令星巴克脱颖而出。"

舒尔茨的思路是：客户在哪里，星巴克就去哪里。舒尔茨敏锐地预判到这个时代最大的变化就是互联网和手机对人们生活状态的影响。于是他率先设立了一个叫作首席数字官的职位，从此星巴克开始了全面的互联网转型之路。

星巴克在全球经济处于危机和衰退的大背景下，业绩从 2010 年至今却一直保持上扬。

途牛插上"互联网+"的翅膀

2014年上半年,中国在线旅游市场最热门的事件就是途牛旅游网在美国上市,成为继携程、艺龙、去哪儿后国内第四家IPO的旅游网站。

途牛的创始人于敦德和严海峰,借助互联网的力量,用8年时间重新建构了最分散、最难以标准化的旅行社生意,把传统旅行社的产品搬到网上销售,并最终把途牛公司带到了纳斯达克。

与其他在线旅游网站相比,携程和艺龙的主营业务类似,都是侧重机票、酒店的商旅服务,去哪儿网是垂直搜索平台。

途牛则是唯一一家以休闲度假产品为"主业"的在线旅游公司。可以说,途牛作为目前跟团游规模最大的在线公司,在细分市场上已经抢得了先机。

途牛上市的当月,其股价就实现了 30% 的上涨,这足以证明在线旅游市场的火爆和投资商对途牛的看好。

途牛网招股书上显示,途牛提供的在售旅游产品数量总体超过了 20 万,跟团游及自助游产品分别超过 10 万,其中跟团游以 17.6% 的市场份额占据国内线上跟团游市场第一的位置。途牛网有超过 3000 家的旅游供应商,目的地覆盖全球 70 个国家,国内设有 64 个出发城市。

2015 年第三季度,途牛继续保持了强劲的增长势头,净收入同比增长 127.5%,远超其他同业公司。

针对途牛的互联网思维,途牛首席执行官汤峥嵘曾经说过:"我理解的互联网思维是用户第一和快速试错。用户第一是目标,是方向;快速试错是手段,是方法。用户第一大家都认同,但做到极致其实很难。我觉得考验一家企业是否真的'用户第一'的方法是,看一下一级部门的设置。哪些部门代表用户利益?哪些部门代表公司利益?如果没有代表用户利益的一级部门,用户第一可能就是假的。"

他认为:"互联网有个好处——用户所有的行为轨迹,都记录在你的服务器上。用户在用他们的鼠标和手指给你的产品投票。你可以从中分析出他们不要的是什么,但你不一定知道他们要什么。在这种情况下,那就只好快速试错了。你运气好的话,或许可以很快地试出用户要什么。"

途牛有一支精悍的无线团队。途牛在无线上的决策,绝大部分来自这支团队。App、M 站上的功能、排期等,完全由他们自己来定。公司只是周期性地看他们的数据。与很多大公司动辄上百人甚至上千人的无线团队相比,途牛的这支团队人数少,靠近一线,从而避免了庞大团队的效率低下,保证了试错的高效率。

2015 年,途牛总裁严海锋还宣布了未来途牛将要走"旅游+金融"的布局,途牛手里已经掌握保理经纪、保险销售及基金销售三块金融服务牌照。

目前,途牛已经推出了诸多金融产品,包括理财、消费金融、出境金融、保险、企业金融五大方面。途牛在互联网产业的道路上越走越远。

途牛自 2006 年成立以来,一直践行"互联网+旅游"的融合发展。

当时,在旅游行业,传统的旅游巨头携程和艺龙已经把机票和酒店的预定完成了从线下到线上的转移。当时,消费者主要集中在商务人群,时下流行的"个人游"还比较少,因为价格太高,很多人都不愿意承担。

但是,时任首席技术官于敦德认定,垂直领域跟互联网结合,可以发挥更大潜力,于是便做起了休闲旅游方向的景点介绍和旅游攻略社区。

当时,社区模式还找不到盈利点。半年后,途牛转型到现金流较好的旅游产品预订平台,就是将旅行社的线路产品直接搬到网上销售。

途牛为旅行社提供展示平台,消费者和旅行社签订合同,钱支付给旅行社,途牛再从中抽取佣金。当时，途牛只充当旅行社的网上流量入口。所有的服务由旅行社承担，途牛概不负责。

起初，途牛凭借先进的互联网技术手段，刚转型不到一年就已经能为合作旅行社带来1000万元左右的预订额。

随着预订量的增加，途牛的平台模式开始暴露出一系列问题。这些问题导致客户的用户体验非常之差，客户大量流失。途牛遭遇有史以来最严重的资金短缺。

用户体验差是互联网企业的大忌。于敦德当时也深刻意识到：用户体验差，再好的互联网技术也等于零。

屋漏偏逢连夜雨，这时正值2008年全球爆发金融危机，途牛想要拿到融资十分困难。一落千丈的途牛一度过得十分艰苦。

幸运的是，他们在2008年下半年拿到了百万美元的A轮融资。经过对途牛平台的改造升级，订单量明显增加，途牛才真正地缓过气来。

这时，途牛进行了战略性转型。他们将原来的平台模式改成自营模式，尝试"互联网＋呼叫中心＋落地"的业务模式。

途牛网不再单纯当旅行社的流量入口，而是采购旅行社产品，卖给消费者，消费者跟途牛签合同，在游前、游中、游后的整个过程均由途牛提供服务。同时，设置线下服务中心，采取7×24小时客户服务。

途牛网开始真正成为一家在线旅行社，有自己的品牌，消费者找途牛直接签单，途牛给予消费者产品和服务质量的保证。这时，途牛的发展得到进一步突破。

2009年，他们拿到美国风险投资公司DCM等近千万美金的投资。有充足的资金作为支撑，途牛的发展速度明显加快，当年的年销售额实现300%的增长速度。

途牛转型自营模式之后，途牛和旅行社的服务范畴开始出现分工：旅行社主要负责本地的导游服务，途牛负责游前、游中以及售后服务。

2011年，途牛开始学习和借鉴传统制造业、零售业、服务业等其他相对成熟行业的经验，来改造传统的旅游业。比如，途牛吸纳零售业的采购人员、制造业的质量工程师团队入伍，和供应商一起开会，帮旅行社解决内部的供应链问题，对订单管理流程和产品质量加以控制。

通过跨界学习，途牛在服务质量控制方面提升了很多。比如，借鉴服务业的管理经验，在付款环节加以控制。途牛还有一套用户点评体系和信誉体系，好评率低于75%的产品，将被迫下架。

旅游行业一向存在行业标准化低、自动化程度低等问题，要改变这种较为原始的状态，首先需要从旅游产品上下功夫。

因此，途牛上线的产品被划分成三个维度：出发地、目的地、品类。三个纬度相互交叉组合，构成不同的产品线，形成不同的价格，而且价格能动态变化。产品线不同，订单处理的流程也不一样。

途牛的产品线由超过10万个跟团游库存单位（SKU）、超过10万个自助游库存单位以及海内外超过1000个旅游景区的门票构成。而途牛的系统能将这些产品线清晰显示出来，包括对应的价格、当天的库存状态。所有的预订完全可以通过系统实现，前台预订完之后，后台会生成一个详细的数据库。

同时，途牛每条产品线的价格信息还实现了动态变化。途牛一般会计算180天以内的所有价格，每天还有不同的机票价格、不同的酒店和不同房型的价格。这样，每个产品就会有上万种组合，甚至超过10万种组合。

如此一来，在途牛网站上就能够实时查询到旅游产品状态、产品特色以及最新的价格信息。

途牛度假产品的客单价高达4000—5000元，远远高于销售机票、酒店、门票等标准品的其他在线旅游公司。所以，途牛是中国互联网客单价最高的电商公司之一，也是生活服务领域客单价最高的公司。

2013年，途牛总营收为19.62亿元，2012年和2011年分别为11.2亿元和7.72亿元，两年的增长率分别达到了75.2%和45.1%。

到2014年，途牛通过品牌提升与区域拓展，取得了超过80%的高速增长，同时与旅游行业同仁深度融合、共同发展，合作伙伴超过6000家。

途牛凭借高效的IT系统与互联网理念，有效地提升了产业效率与客户体验。

截至2015年，中国在线旅游服务商市场总交易规模突破4000亿元，但互联网渗透率仅为13%左右，预计到2017年整体渗透率将超过30%。在中国出境游快速增长、在线休闲旅游渗透率不断提升的良好市场前景下，途牛未来能够实现的商业价值是巨大的。

第二章
传统与非传统企业必须与移动互联网联姻

人人都是自媒体

我为什么要辞职去卖肉夹馍

免费的是最贵的

"昂贵"的粉丝

人人都是自媒体

在我国互联网的发展过程中，PC 互联网已日趋饱和，移动互联网却呈现井喷式发展。国内移动数据服务商 QuestMobile 发布了《2015 年中国移动互联网研究报告》，报告显示：截至 2015 年 12 月，国内在网活跃移动智能设备数量达到 8.99 亿。从数据上看，移动互联网是大势所趋。

2014 年被很多人称为中国的移动互联网元年。从数据上看，中国的手机网民在第二季度的统计中已达到 6.68 亿人，智能手机用户占全球手机用户的比例已经超过三分之一。

在人们的生活中，智能手机正在改变人们的食、住、行、购物、娱乐、社交等方面。移动互联网浪潮开始席卷各行各业，不管是传统企业还是传统互联网企业都将受到移动互联网的冲击。

在移动互联网时代，用户接触互联网的方式发生了变化，导致用户的使用习惯、使用场景等都发生了一系列变化。用户发生了变化，导致了大的平台、大的公司也必须跟着变化，否则就会失去用户。马云作为传统互联网企业的代表人物，他也焦虑过企业在移动互联网时代的转型问题。

当然，移动互联网的发展也为企业带来了新的发展机会，那就是打造自媒体的机会。传统企业和互联网企业纷纷通过手机 App、微信公共号、微博等移动自媒体平台抢夺庞大的手机用户。

小米科技联合创始人黎万强针对自媒体曾经说过："让公司成为自媒体，它肯定是一个公司的核心战略，它不应该是浅尝辄止而已，往往要组建一个自媒体的内容运营团队，它的周期和成本是非常高的，而且往往是，你花 2000 万去投个广告，可能立刻就看到效果了，但是你要建立一个有足够战斗能力的自媒体团队需要两年、三年，这种时候公司要从组织架构和战略上出发决定谁去做自媒体。"可见自媒体对企业的重要性。

在移动互联网时代，自媒体又出现三个新的情况：一是自媒体用户群足够庞大；二是交互越来越方便；三是自媒体的盈利模式也越来越多。

自媒体的概念之所以深入人心，主要的原因在于微信。微信是一款完全基于移动互联网的 App。根据统计，目前微信公众号的数量已经高达 1000 万，每一个公众号都是一个自媒体。

除了微信公众平台之外，新浪微博也是一个自媒体聚集之地，新浪微博 2015 年 6 月的月活跃用户数为 2.12 亿，目前已有覆盖 33 个垂直领域的 153

万活跃自媒体作者，共生产 6500 万篇长微博，其中微博签约自媒体 1500 多人。

微博自媒体平台还有百度百家自媒体、360 自媒体、搜狐自媒体、今日头条等综合性的自媒体平台。

自媒体的市场潜力十分巨大。企鹅智酷 2015 年 12 月对全国手机网民中媒体消费群体的调查显示，自媒体的认知度和用户黏性如下：64.7% 的中国媒体消费者听说过自媒体；自媒体认知群体中，52.4% 的用户每天阅读一篇或一篇以上的自媒体内容；每天都会阅读自媒体的深度用户，主要集中于 30—39 岁区间。

2015 年，被人们称为自媒体投资元年，自媒体动辄估值上亿元。其中，微信自媒体的融资在 2015 年呈现了爆发趋势，据不完全统计，这一年获得千万级融资的微信自媒体超过 30 家。

资本市场对自媒体的青睐也让一大批传统媒体人"下海"淘金。2015 年，不少传统媒体人辞职创业，转身投入自媒体的怀抱。

吴晓波是一名出色的媒体人、财经作家以及出版人。他也做起了自媒体，并开设了微信公告号"吴晓波频道"以及其他自媒体平台。通过运营自媒体，吴晓波收益不菲，"吴晓波频道"也成了目前国内最具影响力的个人财经新媒体。

同时，吴晓波还发起成立了狮享家新媒体基金，并投资了比如"十点读书""餐饮老板内参""酒业家""B 楼 12 座""车早茶""灵魂有香气的女子"等多个微信公众号，总投资额超过 5000 万元。

人人都在做自媒体。但是，自媒体也并不好做。沃尔玛在 Facebook 上有 3270 万粉丝，但是，它发布的东西只有几百人点赞、几百人分享，而评论也基本都是对它的糟糕服务的抱怨。

沃尔玛曾经发起一项"为老兵开一盏绿灯"的活动，旨在帮助美国的退伍老兵顺利地重新融入社会生活当中。为此，沃尔玛单独建了个网站，并注册了一个 YouTube 频道。据报道，沃尔玛为这项活动花了 2000 万美元。

对此，有人直言不讳地批评说，这 2000 万美元相当于打水漂，还不如直接捐给退伍军人帮扶机构。零售商都想通过各种渠道把商品卖给消费者，但又不知道如何成为社交渠道品牌。比如，在沃尔玛的这个网站上，除了一个链接沃尔玛公司网站的按钮之外，几乎找不到任何与沃尔玛和该活动有关系的内容。

相比于沃尔玛在移动互联网时代的笨拙和缺乏想象力，杜蕾斯公司可谓灵活多变和富有想象力。

杜蕾斯在移动 App 的设计上可谓匠心独具。这款移动端应用 Dulex Baby App 在苹果 App Store 上的下载量在同类 App 中名列前茅。

2012 年 12 月 19 日，杜蕾斯带领消费者一同体验"如果我有一个孩子"的活动，Dulex Baby App 由此诞生，它能让年轻恋人们模拟体验当爸妈的感觉。这和杜蕾斯避孕套的功能是类似的，同样是为了提醒未婚男女注意避孕的问题。杜蕾斯认为未婚男女提前体验一起照顾宝宝是一件非常有趣和富有意义的事情。

这款应用的界面比较简单，用的是 3D 模型，真实感强。只要两部手机都下载了，把它们贴合在一起，上下反复运动一番后宝宝就诞生了。

这一巧妙的设计还不忘提醒客户："上下律动约 60 次，不要嫌时间长，这是正常人的平均体能水平，坚持不了？考虑一下杜蕾斯的持久装哦，亲。"这种巧妙的广告植入显得合情合理又幽默风趣。

在宣传这款 App 上，杜蕾斯也下了功夫。杜蕾斯制作了"疯狂 App：杜蕾斯宝贝计划"视频，展示 Dulex Baby App 的玩法和可能出现的各种画面，以吸引年轻恋人。

杜蕾斯还开展杜蕾斯宝贝线上海选、以宝贝形象制作 2012 年杜蕾斯主题月历、时尚杂志内页刊等一系列线上线下活动，以增强 App 的影响力和用户黏度。

Dulex Baby App 的界面上除了必要的功能键外，还有一个躺在婴儿床里的小宝宝，看起来十分可爱和稚嫩，非常容易让人产生同情和怜爱的心理。照顾宝宝的各项功能都集中在界面的左上角，通过点击即可选择。

这款应用界面上的宝宝可能会不分场合、不分时机地哭泣。哭泣的原因有多种，如果是宝宝尿尿了，那么换尿布的时候需要滑动屏幕三次；如果是其他问题，你就需要给他喂奶、摇床、唱摇篮曲、拥抱他。你的一举一动都会体现在养育进度条上。

这款应用还设计了社交功能，它可以连接脸书，那么其他人就可以分享你养育宝宝的信息。

当然，当你无法忍受宝宝的哭闹的时候，还有防打扰模式，但条件是用户需要购买一盒杜蕾斯产品。当用户关闭该应用的时候，应用则会提醒用户亲热的时候使用杜蕾斯的产品。

杜蕾斯的这款 App 不但满足年轻恋人对生育后的生活的好奇和期待，而且巧妙地达到了杜蕾斯产品的宣传作用。不管是用户还是杜蕾斯都达到了自己的目的，可谓是达到了双赢的局面。

杜蕾斯除了开发出独具创意的 App，它在微博上的营销更富有想象力，更加深入人心。

杜蕾斯有一个专门运营微博的团队，他们擅长抓住每一个社会热点，做出极富想象力的创意微博。他们将杜蕾斯的产品或相关符号与热点事件有机地结合，每次都能够引起人们的热议，并促使人们大量地转发、评论以及点赞，从而带动线下的杜蕾斯产品的销售。

如今，杜蕾斯的微博已经成为微博上独一无二的风景。人们不仅仅对杜蕾斯的广告植入毫不反感，而且非常喜欢杜蕾斯的创意文案。

除了微博，在微信上，杜蕾斯微信团队专门成立了 8 人陪聊组，与用户进行真实对话。和杜蕾斯在微博上的风格一样，杜蕾斯在微信中依然保持幽默风趣。

在营销上,杜蕾斯的粉丝用手机扫描商家独有的二维码,就能获得一张存储于微信中的电子会员卡,电子会员卡可享受商家提供的会员折扣和服务。

通过一系列的自媒体推广,杜蕾斯在移动互联网时代打造了一个极富影响力和极受欢迎的品牌,追赶上了时代的脚步。

我为什么要辞职去卖肉夹馍

  2014年4月6日,西少爷官方公众号发出首篇微信文章《我为什么要辞职去卖肉夹馍》,一时间,这篇文章刷遍朋友圈。

  2014年4月8日,卖肉夹馍的西少爷五道口店在北京市海淀区五道口莲花广场正式开业后,因为微信的大量转发所形成的热度,以及西少爷当天的优惠策略,原本计划在一天送出的1000个肉夹馍,在中午11点前就全部送罄,当日累计售出肉夹馍2300个。

  到2014年7月19日,开业第100天,西少爷的店铺已累计售出20万个肉夹馍。短短半年,西少爷肉夹馍在北京已经拥有5家门店,成为拥有87名员工的中型公司。

  肉夹馍还是肉夹馍,但西少爷的销售策略却显得与众不同。它先利用微信造成影响,然后在极短的时间内创造了一个销售的神话。西少爷的成功源于互联网思维。

西少爷利用微信自媒体传播了一篇文章，即《我为什么要辞职去卖肉夹馍》，这篇文章极具故事性。自媒体追求的是"圈粉"，要获得粉丝，就需要一个能够打动人的故事。

这篇文章讲述了一个北京 IT 男青年由于高房价问题难以立足北京，最后连女朋友也跟他分手，失落的他回到老家西安，学习了自己喜欢的肉夹馍手艺，并计划在北京创业的故事。北漂的话题本身就很容易引起人们的共鸣，再加上励志的创业故事，因此引爆了朋友圈。

文章中还提到了西少爷研发完美的肉夹馍的过程，他们用掉了 5000 斤面粉和 2000 斤肉料，终于研发出了口味极佳的肉夹馍。互联网思维中很重要的一点就是追求极致。

在开业当天，西少爷有这样一个优惠政策，就是网易、搜狐、谷歌、百度、腾讯、阿里员工凭借工卡可以免费领取一份西少爷肉夹馍。这又是非常巧妙的，西少爷的创始团队本身是 IT 出身，所以他们容易获得这些 IT 企业的员工的支持，而微信的营销文章中所表达的情感也容易让他们产生强烈的认同感。这些员工能够助力西少爷形成"口碑"效应，因为互联网时代的营销不再追求铺张浪费的广告，而是追求口碑的传播效应。

西少爷首席执行官孟兵说了，这些是在互联网世界里最有影响力的一批人，他们不仅玩网络，还生活在附近，当他们吃了之后，他们有可能会分享，他们的传播影响力可能比随便的路人大许多。

互联网企业普遍以客户为中心，极端重视用户体验。西少爷在这方面做得尽善尽美，西少爷肉夹馍的包装纸是采用不渗油的进口材料，成本是普通塑料袋的 20 倍；其次，西少爷的吧台都提供 USB 充电口，以满足顾客充电的需求；吃完肉夹馍，还可以得到口香糖；如果是下雨天或者大热天，西少爷还会准备雨伞或遮阳伞为顾客挡雨遮阳……可以说，西少爷在方方面面为顾客带去了极致的用户体验。

更关键的是，传统餐饮行业千百年来都是"口味＋服务＋成本最小化"模式，而西少爷取而代之的是全新的"产品＋用户体验至上"模式。西少爷颠覆了传统，给顾客带来全新的餐饮体验。

因此，西少爷也被誉为中国互联网餐饮第一品牌。随着西少爷火爆京城，西少爷立即上了各大媒体的头条，受到中外媒体追捧。在营业了短短一个月之后西少爷就已经达到将近一个亿的估值。

西少爷的首席执行官是孟兵，他先后在腾讯、百度工作，在这些顶级互联网企业的工作经历让他获得了一套"互联网思维"。除了孟兵本人，西少爷众多发起人大多原是互联网、金融等领域的从业者，分别来自腾讯、阿里巴巴、百度、小米、搜狐、宝洁、普华永道等大公司，这使西少爷在创业之初就具有了强大的互联网基因。

孟兵从互联网公司辞职后，觉得"在消费体验和商业规则被重塑的今天，餐饮这一传统行业，拥有广阔的商业机会"。于是，他选择了他老家的肉夹馍。孟兵曾经说过："我们要把互联网精神中重视用户体验的核心理念融入每一个小小的肉夹馍里。"

在公司的管理培训以及未来的发展方向等方面，西少爷一直以互联网思维为准则。比如，在管理培训上，西少爷借鉴了滴滴的管理模式。滴滴打车的管理培训采用的是在线的方式。因为滴滴打车的司机可能有百万、千万之多，如果采用线下管理，成本是难以想象的。西少爷的培训采取的也是在线的方式，而且培训方式非常高效，比如，培训部门会直接告诉员工采用什么方式服务顾客，才能获得奖金和奖励。

一般来说，零售公司都会一个月做一次报表。这样做有一个弊端，就是无法实时地监控公司的经营情况，效率比较低。但是，西少爷采取的是一天做一次报表，因为西少爷的收银体系已经完全互联网化了，所以西少爷能够对各项成本或各项经营细节精确管控，并做出快速反应和调整。

西少爷的肉夹馍并不便宜，比一般的肉夹馍要贵。但是，由于经济的快速发展，我国的国情有了很大的改变，特别是一大批中产阶级的崛起，使人们尤其是城市人口对商品的品质有了更高的追求。所以，西少爷做"高端"肉夹馍是符合时代趋势的。

西少爷的"高端"肉夹馍实际上是不盈利的。西少爷并没有依靠肉夹馍本身去挣钱，西少爷的肉夹馍的价格其实是成本价。这是互联网的"免费"思维。

那么，西少爷凭什么盈利呢？

第一，西少爷的线上交易占到70%，全部都是通过微信等。所以，西少爷的成本跟一般的餐饮企业相比是较低的。

第二，西少爷打造了十款爆品肉夹馍，现在，每个月肉夹馍能卖出去30万个以上，每个月基本都以30%、40%的速度增长，销量非常高。

第三，西少爷在慢慢地变现它拥有的庞大的顾客群。比如，西少爷在尝试做互联网金融。西少爷的大量的顾客都通过移动支付付款，每一个顾客的账号里一般都有1—5万元的可支配存款。那么，西少爷可以把这些顾客的钱租过来，给一点租金，达到融资的目的，用来支持自己企业的发展。

人们把钱放到银行里，或者购买互联网理财产品，事实上，年利率最多8个点，但是西少爷可以给20个点。西少爷一年的投资回报率是比较高的，所以西少爷依然能够挣到钱。

从西少爷的成立、营销、发展过程到未来趋势，无不与互联网紧密联系。西少爷的肉夹馍堪称是具有互联网基因的肉夹馍。当然，从西少爷涉足互联网金融的行为中可以看到，西少爷的互联网之路远没到尽头。

在西少爷之前，也有不少具有互联网基因的餐饮品牌，比如黄太吉，巧合的是黄太吉的创始人也有互联网企业的背景，他曾经是百度和谷歌的员工。这家成立于2012年的互联网餐饮企业也以"互联网式的用户体验"作为自己的标准，并成功地将一个10平方米的店铺运营成估值4000万元的公司。

大众点评网上曾经有一份数据显示：黄太吉传统美食(建外SOHO旗舰店)在大众点评上共有1080个评价，五星评价有115个，占比11%，四星评价308个，占比29%，三星+二星+一星的差评竟然占比高达60%。所以，有食客就做出了这样的评价："再多的互联网思维也要回归产品本质：口味、价格、位置。"

当然，这样的评价对于黄太吉还是太过片面。但是某种程度上，这提醒了互联网餐饮企业应该重视产品的品质问题。空有互联网思维，品质跟不上，未来肯定是不可持续的。

可以预见，未来互联网对餐饮的影响只会加速，而不会停止。大浪淘沙，最后剩下来的才是金子，并不是每一家互联网餐饮企业都会成功。互联网思维对于传统餐饮企业和餐饮行业创业者来说是一种时代的优势，如何更好地利用互联网思维，则需要更多的人亲身实践。

免费的是最贵的

马云曾经说过一句话：免费是世界上最昂贵的东西。这是一句精彩诠释互联网思维的话。

那么，互联网的免费思维能够带给我们什么呢？首先，免费的软件可以使企业获得大量的用户数据，而企业可以利用这些用户数据挣钱。

一个叫"秒赚"的 App 可以告诉我们这个道理。它是一个手机广告精准分配平台，利用移动互联网技术采集数据并搭建大数据库，通过对用户数据的管理、挖掘和细化分析，将广告主和消费者的需求进行精确配对。

用户注册 App 不但免费，还能够获得一定福利的鼓励，比如，注册立送 100 银元（虚拟币）。而且，用户可以通过"看广告"等方式获得现金收益。翻看广告赚小钱，每天最多可赚 12 元，分享广告赚大钱，每天最高可赚 1 万元。"秒赚"把商家的 30% 的广告费分配给看广告的用户，把另外 70% 的广告费分配给分享广告的用户。

对于工作繁忙的白领，这些人很少有时间去了解外界的信息。凭借这款App，他们也可以知道附近是否新开了饭店，哪一家店打折等。

同时，"秒赚"把商家的广告精确地推送给用户。对于一些付不起高昂广告费的商家，凭借着这款App，可以以较低的成本发布自己的广告，以达到扩大品牌影响力的效果。通过对用户和商家的精准匹配，从而排除非目标用户观看广告，商家也提高了广告的转化率，同时还可以利用"秒赚"广告直接销售产品。

那么，"秒赚"用什么赚钱呢？第一，商家投放商品总价值的10%作为广告服务佣金；第二，通过提供数据分析服务、商家排名服务，收取增值服务费；第三，首页广告服务费；第四，商品销售交易佣金。

"秒赚"广告于2014年5月12日正式发布。2014年年底，"秒赚"拥有1000万用户，20万商家入驻，合作伙伴达到1000个，广告交易额达到20亿元。

2015年9月，在第10届亚洲品牌盛典上，"秒赚"App的开发企业——重庆秒银科技有限公司——荣膺"中国（行业）品牌十大创新企业"。

企业可以通过免费思维得到大量的数据，并通过大量的数据赚钱，同样，企业可以通过免费思维培养极致的用户体验。

雕爷牛腩是一家知名的互联网餐饮企业，它的招牌菜是牛腩。在开业之前，雕爷牛腩也用了互联网思维来打造影响力。

在开业前的半年时间内，雕爷牛腩的老板雕爷到处请明星、大腕到店试吃菜，京城各界数百位美食达人、影视明星均前来试菜，苍井空也被邀请过，圈内明星皆以获得雕爷牛腩的"封测邀请码"为荣。

这些大腕来雕爷牛腩捧场，当然不用掏钱。他们会在吃完之后发微博、微信，说一下试菜的体验。

这样的玩法名叫封测，跟网络游戏的封测是同一个意思。雕爷很了解网络游戏中最常玩的封测。同时，这一灵感也来自于脸书，脸书成立之初，扎克伯格并没有放开公开注册，当时如果没有哈佛大学后缀的邮箱的人是不让注册的。所以，其他学校的学生很好奇，都想要注册脸书。等到扎克伯格放开所有常春藤大学学生的注册的时候，所有常春藤大学的学生们都挤了进来。扎克伯格一步一步地放开注册的范围，聚集了大量的用户。

雕爷在这半年间，花费有近千万，但得到了无数的口碑传播，尤其是明星们的热捧，使雕爷牛腩在互联网上保持着火爆的关注度。比如，开业前夕，雕爷牛腩邀请苍井空到店，通过微博大V、苍井空本人的传播，雕爷牛腩成了当天微博热门话题。

雕爷牛腩的封测期，只有受邀请的人才能来吃，一方面是不让普通顾客进店试吃，另一方面是微博上聚集了很高的关注度。所以，雕爷牛腩成功地使得普通顾客产生了好奇心和消费欲望，这种由神秘感引发的消费欲望便会在开业后爆发了。

当然，不要以为雕爷只是会做营销，雕爷牛腩在产品和用户体验上同样用尽了心思。

雕爷牛腩的菜品是雕爷花了500万，从周星驰的电影《食神》中的原型——香港食神——戴龙那儿买断来的。戴龙经常为李嘉诚、何鸿燊等港澳名流提供家宴料理，是香港回归当晚的国宴行政总厨。

雕爷牛腩在室内装修、各种茶水、米饭、筷子、碗等方面，都做到了极致，而且，茶水、米饭都是免费续的。

在用户体验上，雕爷牛腩每天花大量的时间盯着大众点评、微博、微信。用户只要有对菜品和服务有任何不满，都会立刻得到回馈。顾客如果认为哪道菜不好吃，这道菜就可能会就被取代了，顾客如果在就餐过程中有哪里不满意，则可以凭官微回复获得赠菜或者免单等。

雕爷牛腩的VIP卡也是设计巧妙的。申请VIP身份是免费的，但是，用户需要关注雕爷牛腩的公众账号并且回答问题，通过后才能获得VIP身份。这种方式也引起了用户的兴趣。同时，还有一个专门的VIP菜单，普通用户是看不到的，这使得用户产生了更大的热情。

作为一个没有餐饮行业经验的互联网餐饮企业，仅仅开业两个月、仅凭两家店的雕爷牛腩就获得了6000万元的投资，估值更是达到4亿元。

当我们看到这些企业运用互联网的免费思维获得成功的时候，突然间，我们也发现周围的各种商店、各种产品都在运用互联网的免费思维。比如，网络游戏，早期的网络游戏注册就必须付费，这也是游戏开发公司的主要盈利点。但是，后来有的游戏开发公司开发出的网络游戏不仅注册是免费的，而且还免费提供道具。那么，游戏开发公司怎么盈利呢？游戏开发公司抓住了游戏玩家的心理，一个游戏玩家长期玩就会不可避免地产生依赖性，在游戏竞技中，为了获得更好的游戏体验和竞技效果，就会购买游戏道具，这才是游戏开发公司的主要盈利点。所以，免费思维颠覆了网络游戏行业。

早期的时候，淘宝运用免费思维成功取代国际互联网企业易贝成为中国 C2C 行业的老大。360 杀毒软件凭借免费思维打败传统的收费型杀毒软件，还有网易邮箱、QQ 的邮箱、微信、微博……

当下，我们所熟知的娱乐餐饮、众多娱乐视频网站，深受年轻人喜欢的众多团购、外卖网站，大量的相亲交友网站，智联、58 等招聘网站……无不渗透着"免费"的思维。

用户不仅仅能够使用免费的软件服务，而且还能享受免费的硬件服务。时下，智能硬件免费模式已经到来。比如，乐视在推出旗下的超级手机时，就表示购买乐视年费的会员，会减免一部分手机硬件费用，购买满一定年数，手机则完全免费。360 推出智能摄像头"小水滴"，成为市场上首款永久免费产品……各种表现形式的免费智能硬件已经出现了。

事实证明，免费的产品能够创造最昂贵的未来，它们可以通过广告、用户资源变现、内容制作等方式获得巨额的收入。

一旦掌握了巨大的用户群，新的盈利模式将会层出不穷。比如，脸书上的一个用户需要买化妆品，他和朋友在脸书上交流的时候，脸书就会精准地将这条信息推送给化妆品公司，化妆品公司就会把广告推送给用户以供参考。这种精确营销比起一般的营销更加受人欢迎，不管是脸书还是化妆品公司，抑或是用户都能得到相应的收益。

当然，任何商品、服务一定是基于价值等价交换的，无论是免费、付费、租赁还是基础免费增值付费，其中没有不劳而获这回事。

美国《连线》杂志前任主编克里斯·安德森是"免费"概念的提出者，他在书中说过："林林总总的免费归根结底都表现为同一实质——让钱在不同的产品之间、人之间、现在和未来之间、不与钱打交道的市场和回到金钱市场之间转移。"

"昂贵"的粉丝

papi酱，本名姜逸磊，是一个草根人物。2015年10月，papi酱开始在网上上传原创短视频，2016年2月份，她凭借变音器发布原创短视频内容而走红，并在微信、微博以及各大视频网站迅速积累了大批粉丝。papi酱微博粉丝在半年时间内已经增长至700多万，而微信公众号粉丝达千万级别……

2016年3月，papi酱获得真格基金、罗辑思维、光源资本和星图资本共计1200万元人民币融资，估值达3亿元人民币左右。2016年4月21日，papi酱贴片广告拍出2200万元人民币。可以说，papi酱成了互联网的一个特殊现象，值得人们深入研究。

papi酱之所以能够走红，是因为她作为一个外貌清纯而且大龄的女青年，本该向外界表达她的"淑女"和矜持的一面，但她却凭借张扬的个性，毒舌吐槽时事热点。她的节目在互联网内容同质化现象严重的大环境里，给人带来了一个耳目一新的体验。

papi酱的现象反映了一个特殊的经济现象的成熟，这个经济现象就是粉丝经济或网红经济。一个人如果拥有了一批粉丝，在这个时代就是一种极富优势的社会资本，它可以通过变现获得经济收入。

papi酱在市场上获得巨大的成功，因此被当作2016年网红第一人，获得了数亿中国人的关注。

在papi酱之前，人们绝对不会想到网红具有如此大的经济价值。papi酱的故事再一次无可争辩地印证了"得粉丝得天下"的互联网经济时代的真理。

如果说papi酱是不得不通过网络的途径以实现一个草根人物的自我价值，那么，王思聪的故事则向我们宣布，只有通过网络的途径，获取大量的粉丝，才能更大限度地实现自我价值。对于商业人物而言，同样需要这样的路径。

王思聪，众所周知，他是获得"亚洲首富"称号的万达集团董事长王健林的独子，他毕业于伦敦大学学院哲学系，现在是北京普思投资有限公司董事长、IG电子竞技俱乐部创始人、万达集团董事。

说起王思聪，他的两个外号非常引人关注，一个是国民老公，一个是娱乐圈纪委书记。为什么是这样呢？单单看王思聪的介绍，我们的第一印象就是，他是一个超级"富二代"。在我们的观念里，这样的人应该是高高在上的，应该是"高冷"的一类人。但是，王思聪不一样，王思聪开始得到人们广泛关注的原因是他在微博上的嬉笑怒骂。

王思聪虽然有各种高大上企业背景的头衔，但他的微博上却鲜有关乎企业经济、管理等方面的内容，也没有"熬鸡汤"。他的微博多是随性发言，有趣，十分大胆，又很平易近人，颠覆了人们对"富二代"的观念，所以他被网友们取了"国民老公"的外号。

王思聪表面上给人的印象是"不务正业"的，但他手里的好几家公司都已经成功上市。他能够与网民进行亲切的互动，他更懂得年轻人的心思，比如他创建的直播品牌"熊猫TV"就是一个年轻人喜欢的新兴的火热的网络社交平台，"熊猫TV"已经成为直播行业的领先平台。

总而言之，王思聪以颠覆性的形象作为切口，在互联网上拥有大批忠实粉丝和关注者，这给他今后的任何一个创业品牌都奠定了坚实有力的基础。

粉丝和经济两个词能够结合在一起，是非常特别的。因为粉丝之所以成为粉丝，正是因为其感情单纯，没有利益企图，而商业的本质是利益。换句话说，papi酱和王思聪之所以能够创造粉丝经济，原因在于他们并没有利益企图。而他们在经济上得到的回报只是被赋予的，并不是他们的首要目的，是一种水到渠成的结果。

在粉丝经济被鼓吹得滥大街的当下，这一点尤其需要注意。尽管人们对粉丝经济的说法已经听得耳朵生茧了，但事实上，仍然只有少数人可以拥有忠诚的粉丝。这些"昂贵"的粉丝是人们梦寐以求又不可得的。所以，经营粉丝的方法很重要。

2016年6月16日，微信公众号"餐饮老板内参"在北京宣布完成5000万元人民币A轮融资，估值2.5亿元。这是什么概念呢？有媒体指出：这个数值估计有望挤入国内自媒体价值榜前三名，位于罗辑思维和一条之后，前两者分别对外宣称拥有700万和1700万粉丝，餐饮老板内参的读者量则在100万左右。

所以，餐饮老板内参以区区100万的粉丝量就追上了罗辑思维和一条，这是令人感到惊艳的成绩。

餐饮老板内参的创始人秦朝，曾经在新浪美食工作。从2013年8月开始，秦朝和前同事谭野一起在咖啡馆创办餐饮老板内参，两个人凑了5万元启动资金，不雇佣员工，也不租办公室，以极低的成本创业，10个月后他们就拿到了第一笔风投。

餐饮老板内参的定位是什么呢？餐饮老板内参以媒体为中心，形成餐饮及其产业链高价值用户的入口，同时打造社交和服务平台，业务还涉及媒体出品、教育培训、互联网金融等领域。

至于餐饮老板内参为什么能够做出如此大的成绩？秦朝只给出了两个字：内容。

在内参中，餐饮界的老板们能够学到各种干货，比如"互联网＋餐饮"等。总而言之，餐饮老板内参首先是一个为餐饮老板们提供优质信息服务的微信公共号。后来，餐饮老板内参的业务又拓展到行业媒体、互联网金融、商业教育、创投孵化等四个领域，可谓是做得风生水起。

很显然，餐饮老板内参抓住了粉丝经济的精髓，即真正地为粉丝服务。

餐饮行业一直是竞争激烈的行业，所以餐饮老板们普遍存在不安全感。同时，在这个互联网经济的时代，餐饮老板们多多少少都有迷惑，而他们实际上又是一个被忽略的人群，他们缺乏学习新知识、提升管理能力的途径。在这个时候，餐饮老板内参为他们提供专业化的建议，并为他们搭建一个分享和交流的平台。

通过这个平台，传统的餐饮老板们除了能够学习如何转型、升级之外，还可以学习其他餐饮公司先进的管理和运营经验，甚至找到克服餐饮经营中的各种问题的方案。一些尝试搞互联网餐饮的新兴创业者们也能从中学到自己想要的东西。所以，只要你打开餐饮老板内参的微信公共号，就会看到很多餐饮老板在踊跃地点评。

餐饮老板内参相当于为餐饮老板们出谋划策的诸葛亮，它抓住了餐饮老板的痛点，为他们提供了优质的服务，从而成就了自己如日中天的发展势头。

餐饮老板内参的运营者团队和粉丝们实际上形成了一个社群，他们不仅有线上的活动，还有线下的活动。我们知道当下有不少有名的社群，比如逻辑思维、刘晓波频道，它们的估值都非常高，逻辑思维的估值高达13亿元。社群经济也是当下的热词。通过社群组织，餐饮老板内参形成了内部良性的互动和经营生态。

据第三方平台统计，中国2000万微信自媒体公众号的总阅读率从之前的10%下滑到近期的5%。这意味着自媒体将面临更激烈的竞争。事实上，尽管做自媒体的人有很多，他们也懂得经营粉丝之道，但成功者寥寥。这似乎告诉我们：经营粉丝并非那么容易，想要自己的粉丝成为"昂贵""生钱"的粉丝，更是难上加难。

第三章
归属感

用户对企业的需求将越来越多

个性化

柯达是怎么死的

贩卖参与感

用户对企业的需求将越来越多

按照马斯洛需求层次理论，我们可以清楚地知道人类有五种需求，即生理需求、安全需求、社交需求、尊重需求、自我实现需求。这五种需求又呈现递进关系。这一理论很清晰地说明了人的多重需求，以及人从追求生理需求发展到追求自我实现需求的演进。

随着时代和科技的进步，用户对企业的需求变得越来越多。汽车的出现，满足了人们高效率出行的需求；电脑的出现，满足了人们高效率办公的需求；互联网的出现，使人与人的交往不再有时空的限制，使得信息的传播效率得到前所未有的提高，满足了人们的社交和信息共享的需求；到了移动互联网时代，各种各样的手机应用满足了人们个性化的需求……

在满足用户越来越多的需求这一层面上，特斯拉汽车无疑位于汽车领域的最前列，它被称为世界上体验最棒的汽车。

特斯拉汽车的产销方式不是传统汽车行业的产销模式，而是采用"全世界参与生产"这一互联网思维模式的制造理念。

特斯拉先做好产品的定位和体验目标后，并没有开始设计和制造汽车，而是找来了全世界顶级的各种供应商，这些分别来自于日本、美国、法国、瑞士、瑞典、韩国等地的供应商为特斯拉提供了轮胎、锂电池、汽车变速器、网络支持、软件开发、系统开发等硬件和软件服务。

特斯拉只是制定标准、做好产品体验，然后全世界参与生产，完全是互联网思维模式下的制造理念。

特斯拉始终把中心放在产品体验上，一开始就从结果出发，考虑消费者会喜欢什么样的汽车等问题。而传统汽车企业则往往在技术、外形、零部件、质量标准、成本控制、品牌规划、网络构建等方面绞尽脑汁，最后的结果可能是不能满足用户的需求，但特斯拉走的是发现和创造需求的道路。

特斯拉汽车不仅外形优雅酷炫，而且内饰也令人耳目一新。与一般的汽车不一样，在特斯拉的驾驶舱里，你只能看见一个超级巨大的触摸屏，它几乎没有机械按键，完全是极简的设计风格。

中控台的这个17英寸的超大电容触摸屏幕是传统汽车所没有的，这块大屏幕除了能够控制天窗、空调、座椅加热、灯光，乃至悬架高度、牵引控制等车内几乎所有功能之外，亮点在于地图的大屏纵向浏览。

自从特斯拉做了触屏后，其他汽车企业也开始模仿。但是，其他车厂的屏幕多为横屏，横屏的界面就限制了向上（前进方向）的信息容量。因此，特斯拉的这块大屏幕具有更高的实用性。

当代人已经习惯使用触屏了，我们的触屏手机早已取代按键手机，我们的平板电脑是触屏的，而且我们的不少智能家电也是触屏的。所以，特斯拉的触屏操作界面无疑代表着未来的趋势。

特斯拉的用户交互设计师曾经说："过去的仪表盘上都是按钮，这种设计已经根深蒂固。S系车相反，采用的是可升级的软件驱动的仪表盘，一切都是从这个好像车内装饰的17英寸蓝色平板开始。汽车的所有数字触摸UI设计都是从头开始的，而且随着功能不断更新、升级，设计也会不断更新。"

通过17英寸的大屏幕，用户不仅可以享用互联网浏览、空调、导航、媒体播放等各种功能，而且操作极为便捷，容易掌握。通过软件的"空中升级"，特斯拉还能够不断为车辆优化和增加功能。

也就是说，特斯拉汽车和智能手机一样，它的用户交互系统是可以不断升级的。特斯拉可以在未来通过升级不断地满足用户新的需求。有些人购买特斯拉，除了性能先进等原因之外，特斯拉的趣味性也是客户购买它的重要原因。特斯拉的用户交互系统的不断升级就体现了特斯拉汽车的趣味性。

除此之外，特斯拉致力于追求将汽车和软件系统融为一体并和谐地工作，特斯拉使用传感器数据、客户接触点和数据分析技术的水平甚至比苹果手机更胜一筹，从而创造出一种独特的用户体验。

在中国，特斯拉推出了更多具有中国特色的服务。特斯拉在中国利用互联网搭建了一个提供自助试驾、预订及个性化定制服务的直销平台，同时依托各地官方直营体验中心和服务电话为顾客提供创新性的极致服务。

例如，为适应中国用户的需求，特斯拉推出配备全新行政座椅的升级版Model S；推出特斯拉置换服务和适合中国消费者的金融服务；更新车载系统软件，为用户免费升级中文车载导航服务；在充电设施方面，为中国用户配备免费的家用充电桩，并提供全程贴身式的安装支持和服务，帮助用户足不出户完成充电，此外还在全国近百个城市大量建成目的地充电桩和超级充电站。而且，在用户贷款购车三年后，若用户有车辆回购需求，在经过条件审核后特斯拉会以约50%的购入价格回购汽车。

当然，除了特斯拉的技术先进、服务全面的优势之外，特斯拉电动车是一款环保车，从某种程度上说，人们开电动车是可以提高自身形象的，同时满足了人们对环保出行的需求。

特斯拉的定位是高端车。作为一款与众不同的车，特斯拉吸引了一大批明星大佬的捧场，他们将特斯拉汽车视为品位的象征。在特斯拉客户名单里，有谷歌公司的拉里·佩奇、谢尔盖·布林，易贝公司的杰夫·斯科尔，还有好莱坞的布拉德·皮特、乔治·布鲁尼、施瓦辛格等传奇企业明星和影视明星。

他们从中获得了既环保又高端的驾车体验，而这些明星又产生了示范效应,吸引了更多富人的模仿。

这家成立于 2003 年的企业——特斯拉——给传统制造业行业的启示是,在互联网时代,已经从产品导向向需求导向转变,传统制造业都将被互联网思维改造。

特斯拉的成功必将带给传统制造业企业更多的思考,一位特斯拉车主就曾经说过:"颠覆一个行业的往往是另一个行业,它不按常理出牌,它不会有中间融合,它就是颠覆和取代。"

2015 年 11 月,特斯拉宣布研发不会磨损的电动机,尽管这一说法有点夸张,但是这无疑体现了特斯拉对电机寿命的极致追求。

根据美国最具公信力的非营利消费评估机构《消费者报告》评选,特斯拉在其调查评比中三次摘得桂冠。特斯拉 Model S 曾经凭借其出色的安全性能获得《消费者报告》打出的 99 分,成为有史以来得分最高的汽车。

特斯拉之所以能够成功,是因为它抓住了用户的需求。用户对企业的需求涉及各个方面,包括企业提供的硬件和软件服务,还有交易过程和售后的服务。对企业来说,只有提供尽善尽美的服务,最后才能成功,只有这样,用户才能对企业产生归属感。

对于用户需求这几个字,很多在互联网企业工作的人都深有体会。很大程度上,互联网企业成功与否的关键在于企业是否能够准确地了解用户的需求,并且满足用户。

在互联网时代，用户的需求是无穷无尽的，比如，用户是自由的，所以在产品设计中，应该充分尊重用户的选择，做到不强迫用户；在产品设计上，还要做到简约实用，不要让用户绞尽脑汁；在产品升级上，不要轻易去改变用户习惯，不改变用户的视觉习惯，不改变用户的使用习惯；只有做出超越用户预期的产品才能超越同类产品……总而言之，用户对企业的需求将越来越多。

个性化

威图是一款奢侈手机品牌。威图在拉丁文中的原意是"高品质、独一无二"。威图的普通版一般售价为十几万人民币，高端版的最高售价可达 90 多万人民币，是全球最知名的奢侈手机品牌之一。

智能手机的官网一般总会把价格明确地标示出来，并会刻意说明自家产品的性价比有多高。而威图官网上只会告诉你哪里有专卖店，价格需要面议。

威图的宗旨就是替世界各地的富翁量身定做手机，想要定做手机的用户只有提前预约或者在特定的专卖店才能购得威图手机。而且，威图还会对购机者进行资格审查，包括信用资质和家庭背景等。只有获得威图英国总部认可的人，才能购买威图手机。威图这样做的目的就是维护威图的精英形象。

在互联网时代，如何激发用户的购物心理，最好的方式就是对用户的需求"量身定制"。张瑞敏就说过，互联网时代不是做产品，是做个性化需求。

对于个性定制，威图的确是佼佼者。

首先，威图手机是手工打造的。所有威图手机均由威图工厂的能工巧匠精心制造。威图唯一的工厂设在伦敦郊外偏僻的乡村里，没有机器，明亮的厂房内有将近 200 名手工艺人。他们使用的材料是品质最好的铂金和黄金珠宝、硬度相当于不锈钢两倍的太空金属等。

威图手机中完全由手工制造的部件超过 400 个，堪称独一无二。

仅仅是威图 Ascent 的键盘，便由超过 150 个不同部件制成。每个按键均经过繁复的工序，在高温下将不锈钢混合物注入较大的模具，待到冷却后，每个按键的体积便会缩小 14%，从而形成了斜角键盘。然后，每个按键均会镶嵌在两个宝石轴承上，增加触控稳定度与精确度，为用户带来了独特的手感及体验。而且，威图拥有崭新的进化式工艺设计，用户可以不断地更新内外装备，可轻易地提升各种电话功能。

用户也可以选择配备玫瑰金外壳或者定制其他颜色的外壳，或者在机身上雕刻代表专属性的文字或图案。

从威图用的材料和做工上都体现出了个性化的而非大众化的思路，目的就是使威图手机彻底与众不同。

威图的做工是卓越的，同时，威图在服务和售后更加突出了它的个性化特色。

对威图的拥有者来说，还可以享受到"威图管家"服务，只要一按手机背面上的客户专键,手机便会直接连接到威图的 24 小时服务总台,不论你想要查询何种手机服务信息,或者是交通、娱乐、饮食、酒店等问题,都会有专人为你解答疑难,并可以帮忙预订机票、入住酒店、餐厅订座等,服务遍及全世界各个大城市。

也就是说,威图的用户可以享受到私人助理服务。支付宝的客户服务也是一对一的,但威图的服务内容明显更广泛,24 小时的全天候服务更能使用户有归属感。

威图手机还是许多高端会所的通行证。只需持有威图手机,就可以出入纽约、伦敦、北京、香港等全球各大城市的多家私人会所。大多数富豪希望被纳入同阶层人士组成的圈子,而威图恰好满足了这种社交需求。

毋庸置疑,威图所具有的这些特点令它成为一款十分个性化的产品,这也是它大受欢迎的原因。个性化的产品可以带给人特别的归属感。

在美国的一项最新预测"改变未来的十大技术"中,"个性定制"被排在首位,定制消费在西方国家已被人们广泛接受,并形成了成熟、稳定的供需链条。

在中国,个性化定制也早已成为大多数企业重要的一项业务。定制旅游、定制西服、定制皮鞋、定制酒、定制茶、定制钻戒、定制家具……各种类型的定制层出不穷。对于企业来说,不同于普通的大众化产品,定制产品的利润往往更高。

人们对定制的产品更有好感，这其实都源于我们的记忆机制。我们在生活中发现，我们更能记住那些有个性的人，普通的人有很多，你总会很轻易地搞混谁是谁，而有个性的人会给你留下特别的记忆。所以，具有个性的定制产品更能够让我们记住。

在这个消费经济十分发达的时代，人们的各种各样的需求被激发了，消费经济开始慢慢步入了过剩时代。人们越来越追求个性化的产品，人们的需求逐渐向个性化方向发展。由于信息越来越对称了，个人定制的范围会越来越广。

在以前，厂家与用户之间并没有什么互动，厂家与用户的距离较远，即使是定制产品，也只存在于小范围内。而现在，通过互联网，厂家与用户基本是零距离的，用户可以直接参与到产品的设计和生产程序中。未来的价值链和需求链的推动力将会来自于消费者，而不是厂家。

张瑞敏说过，互联网的本质就是零距离。海尔的员工会直接与用户互动，而不是和经销商互动。在与用户交互的环境中，海尔的工程师会根据用户的使用数据和回馈寻找用户的需求点，产生创意，然后改进生产设计或服务，进行产品创新和服务创新。简单地说，就是"以用户为中心"，"为客户定制个性化产品"。

在这样的情况下，C2B 模式应运而生。C2B 的含义是由消费者按照自己的需求决定产品，定制产品。

马云说过："未来的世界，我们将不再由石油驱动，而是由数据驱动；生意将是 C2B 而不是 B2C，用户改变企业，而不是企业向用户出售产品。"

统帅是海尔集团继海尔、卡萨帝之后的第三个子品牌，为海尔集团在互联网时代背景下推出的家电定制品牌，统帅走的模式就是典型的 C2B 模式，整个操作流程为：收集用户碎片化需求，定制模块化解决方案，用户定制投票，根据需求提供产品，网上预订，售后服务和安装。

青橙手机也采取了 C2B 模式。青橙 N1 是青橙手机 2013 年 5 月 30 日推出的第一款可以定制的产品。用户可以定制它的外形，可以有 10 万种配置的选择；用户也可以定制显示屏、内存、摄像头等各种硬件；在软件上，每个用户可以定制自己的 App；在配件上，用户可以选择多种款式、多种功能的配件；在售后方面上，用户也可以定制不同的专属服务。这样一来，用户搭配出来的结果则是一款专属于自己的智能手机。

通过定制，用户的个性化需求得到满足。同时，企业通过个人定制产品实现产品差异化，达到赢得市场的目的。

对于企业经营者来说，只有创造出个性化、差异化的产品才会让你的公司不那么容易淹没在庞大的市场中。

而到了移动互联网时代，企业学会个性化思维就显得更重要了。从宏观看，互联网产品只有三种命运：一种是迅速占据优势；一种是与他人进行艰苦的竞争；一种是快速地死去。

微信是一款迅速占据优势的互联网产品，微信在即时通讯领域一统天下，其他互联网产品想要和微信展开竞争，只有死路一条。这方面的例子是阿里巴巴的来往和网易的易信，它们都以失败告终。

滴滴打车和快的打车、美团和大众点评、赶集网和58同城都是在同一个领域进行过激烈竞争的企业，它们最后都合并了，因为价格战对任何一个企业来说都不是好事，由于它们的业务多是重合的，只能通过价格战来取得优势，最后的结果往往是两败俱伤。

微信还有一个竞争对手，那就是陌陌。陌陌和微信同样是社交软件，但陌陌和微信的用户群的定位是不同的，因此它们并不直接产生竞争关系，并不相互争夺用户。陌陌是个性化产品，个性化产品能够在某一场景下，让用户想起它，并认识到它是无可替代的，所以，陌陌和微信能够共存。

中国的市场经济已经发展了30多年。在各个领域、各个行业都有少数几家占绝对优势的企业。比如，在电子商务上，阿里巴巴是领头羊；在即时通讯上，腾讯坐第一把交椅；在搜索上，百度是难以撼动的存在。想要在BAT的格局下生存，就要学会个性化思维，寻找差异化路径，只有这样才能成功。

柯达是怎么死的

柯达曾经是世界上最大的影像产品公司，占有全球 2/3 的胶卷市场份额。但是，2012 年，柯达公司及其美国子公司提交了破产保护申请，这意味着这家留给我们深刻记忆的百年老店、曾经的行业巨头彻底走向没落。

那么，我们不禁要问，柯达是怎么死的？首先，我们看两段历史，一段是，在 1975 年的时候，柯达率先制造出数码相机；另一段是，在 1976 年的时候，柯达在美国胶卷市场的份额达 90%，相机销售市场的份额达 85%。也就是说，柯达在制造出数码相机的时候，它的胶卷业务是其赖以生存的业务。

到了 1996 年，柯达公司已经拥有了 14 万名员工，它的市值也达到了 20 亿美元。

在 20 世纪末，柯达也没有什么改变。他们认为数码相机将会削弱他们的化学产品业务和胶卷业务，认为推出数码相机意味着迫使公司卷入自己与自己的竞争当中，因此他们雪藏了自己的数码技术。

但是，令柯达始料未及的是传统的影像行业在2001年遭遇到了生存危机，数字技术革命摧毁了传统胶片行业安身立命的产业基础，索尼、佳能、三星、尼康等数码企业进入相机领域，全球胶卷的需求出现拐点，消费市场以每年10%的速度急速萎缩。

在2002年的时候，柯达的数字化率只有25%左右，而柯达的竞争对手富士已达到60%。就在这一年，据调查显示，2300万的美国家庭拥有数码相机，比前一年增加57%。同期，富士公司数码相机的销售量比2001年又翻了一倍，占据了日本市场的30%，全球市场的20%。

到了此时，柯达才真正意识到，传统胶片的辉煌时代彻底终结了。2002—2003年柯达利润报告显示，柯达传统影像部门的销售利润从2000年的143亿美元锐减到2003年的41.8亿美元，跌幅达到71%。

2003年年底，柯达90%的收入仍然来自于胶片业务，数字业务的收入仅有10%，而利润的100%均来源于胶片。同年，柯达正式提出"全力进军数码领域"。

事实上，柯达只是比竞争对手们迟了5年。但就是在这5年时间里，巨人柯达就遭到了毁灭性的打击，对技术革命的反应迟钝招致了柯达的灾难性后果。

2005年，柯达斩获美国数码相机市场销量第一。不过，这也只是回光返照。2004年以后柯达只有一年实现了全年盈利，那就是2007年。但是，柯达公司的市值从 1997 年 2 月最高的 310 亿美元，已经降至 21 亿美元。十余年间，市值蒸发了 99%。而柯达的负债已经超出资产 14 亿美元。柯达极力向数码业务转型，但却面临着内部缺乏核心技术、外部激烈竞争的致命威胁。柯达从此走上末路。

这几段历史清晰地向我们表明，柯达赖以为生的胶卷业务拖垮了柯达，胶卷业务令柯达自大、盲目，阻碍了柯达的转型。传统胶片业务的巨大成功，让柯达无法迅速适应市场需求和行业变迁——由于担心胶卷销量受到影响，柯达一直未敢大力发展数字业务，最终使柯达遭受了巨大的失败。

时至今日，柯达的胶卷依然是世界胶卷品牌中最受消费者推崇的。同样是在今天，在数码相机已经一统天下的时代里，传统胶片摄影依然拥有无可争辩的优势。当然，数码摄影也有它的优势。一是所拍即所得，人们在每拍摄一张照片后，通过屏幕马上可以看到拍摄的效果；二是当人们感觉拍摄效果不好时就可以立即进行删除。数码摄影的这两种优势适应了当代人的经济水平和心理需求。

尽管数码相机的摄影质量并没有那么高，但是对于消费者来说，昂贵胶卷摄影的不可逆性、需要冲洗照片等方面的问题，更让他们难以承受。柯达的失败也是因为他们看不到这一点。

富士和柯达一样，也是传统的胶卷公司。20 世纪 80 年代至 90 代后期，作为胶卷产业的后起之秀，日本富士胶片在技术和销售规模上超越了美国影像巨头柯达。

在数码时代到来之际,富士显然要比柯达敏锐,早早地进行了数字化转型。在柯达胶卷倒下的今天,曾经是柯达的追随者的富士胶片还是实现了销售额和销售利润的持续增长。

现任富士胶片首席执行官的古森重隆在其书中写道,企业的价值是不断创造新的客户价值并拥有可持续性竞争的技术和体制,这样才能满足不断变化的市场和需求。

所以,富士一直在寻求替代胶片的业务。但是,富士胶片的宗旨是:在现有技术积累上创造新的技术和市场,而并不是摆脱胶片业务所积累的技术去追求全新的业务转型。

目前支撑富士胶片的业务板块不仅仅是数码影印,还有高功能材料和生物科学技术。

富士在预见到传统胶片进入下行市场、数码摄像行业显现过度竞争的趋势的时候,果断地将战略重点放在需要高端光学技术的医疗设备和材料上,这个产业现在成了富士胶片的新核心产业,为富士带来高额的销售收入。

同时,富士胶片又利用胶片制造中不可缺乏的胶原蛋白的提炼和合成技术,将其延伸到高端化妆品的研发和制造上,并在日本市场上取得了一定的份额。

正是这种敢于摆脱传统成功经验的前瞻性技术转型,才让富士胶片在不断变化的市场中一直保持了持续健康的成长。

在互联网营销时代，产品普遍走个性化路线，重视用户体验。而富士开发出的"趣奇"相机十分受用户欢迎。这款外形小巧且可爱的相机，能够迅速送出照片。

除了趣奇相机，富士还开发出了趣奇俏便携照片打印机。它能够通过无线网与智能手机、平板设备连接，将数码照片打印成富有胶片感觉的照片。从打印效果看，趣奇俏的打印风格偏向过曝，而这正是趣奇俏的风格，略微泛白的照片充满复古怀旧的气息，非常受学生一族的欢迎。

曾几何时，诺基亚几乎就是手机的代名词，它曾经连续14年占据市场份额第一，是当时当之无愧的行业老大。

和柯达制造出第一台数码相机一样，诺基亚最早提出了智能手机概念，并宣称自己不再是一个手机制造厂，而是一家互联网公司。诺基亚的智能手机的理念是尽可能把键盘、鼠标、桌面管理方法都搬到智能机上，令智能手手机像电脑一样功能强大。

2007年，苹果手机出现了，它用手指替代了实体键盘，独创了平铺桌面，并通过App Store拉拢了无数开发者，彻底颠覆了旧有的智能手机概念。

在这样的情况下，诺基亚应对错了，它傲慢地抵制苹果的新技术。它没有学习苹果的UI，也没有投入安卓的怀抱，而是选择与微软合作。微软的WP系统相比iOS、安卓不具优势，再加上缺少第三方应用，消费者只能弃用诺基亚。诺基亚最终无力回天，把自己以72亿美元的价格卖给了微软。

从柯达和诺基亚的发展历程不难看出，作为胶卷行业和手机的领导品牌，柯达和诺基亚的败落均是因为没有主动适应新时代的需求，相反都在顽固地坚守旧有的价值观，这也是他们对自己的定位。由于没有以用户为中心，没有尊重用户的需求，最终被新时代的消费者所淘汰。

贩卖参与感

如果说要选互联网企业的代表，那么，小米是当之无愧的。

在 2008 年，雷军就提出了"专注、极致、口碑、快"的互联网七字诀。专注和极致，是产品目标；快，是行动准则；而口碑，则是整个互联网思维的核心。雷军的七字诀已经成为人们论述互联网思维的经典语录。

小米能够获得今天的成绩，雷军的七字诀功不可没。除此之外，小米联合创始人黎万强写了一部畅销书叫《参与感》，也系统地解释了小米成功的秘诀。

黎万强说："互联网思维的核心是口碑为王，口碑的本质是用户思维，就是让用户有参与感。"

所以，参与感是小米成功的一个方法论，如果一个企业能够做到这一点，成功的概率就会大很多。

黎万强将参与感分解为三三法则，即三个战略和三个战术：三个战略是做爆品，做粉丝，做自媒体；三个战术是开放参与节点，设计互动方式，扩散口碑事件。

黎万强在书中写道："小米在做产品、做服务的过程中，让用户参与进来。和用户做朋友就是和用户一起玩，不是做形式化的用户调查或高大上的发布。和用户如朋友般一起玩、讨论产品，通过论坛、米聊或微博等沟通就是收集需求，就是传播产品。和用户做朋友，是因为今天不是单纯卖产品的时代，而是卖参与感，在企业运营过程中，如何快速构建参与感？构建参与感，就是把做产品、做服务、做品牌、做销售的过程开放，让用户参与进来，建立一个可触碰、可拥有、和用户共同成长的品牌！"

他还以MIUI举例，小米为了让用户深入参与到产品研发过程中，设计了"橙色星期五"的互联网开发模式，MIUI团队在论坛上和用户互动，系统每周更新。在确保基础功能稳定的基础上，小米把好的或者还不够好的想法、成熟的或者还不成熟的功能，都直接放在用户面前。每周五的下午，伴随着小米橙色的标志，新一版MIUI如约而至。随后，MIUI会在下周二让用户来提交使用过后的四格体验报告。通过四格报告，可以汇总出用户上周最喜欢哪些功能，哪些功能觉得不够好，哪些功能正广受期待。

通过这种方式，小米研制出更符合用户体验的MIUI系统。而且，米粉参与到小米的研发和成长过程中，缔结了米粉和小米的情感纽带，通过粉丝传播，形成口碑效应。

互联网时代，企业与用户之间是没有距离的。而传统企业往往高高在上，用户只能被迫选择传统企业的产品，这显然不利于企业与用户之间形成良性关系。

小米通过小米论坛、微博、微信、QQ空间聚集了一大批米粉。比如，铁杆米粉可以去小米论坛大谈自己对MIUI系统的改进意见，这里有一大群铁杆米粉，他们都是小米的预备军。

除了小米论坛，QQ和微博偏向媒体，微信偏向服务，这三种渠道直接面向大众，能够加强小米与粉丝、小米用户以及其他网友的互动。

小米的微博多是原创，而且从不发段子、心灵鸡汤等跟产品无关的内容。反观部分企业，它们则更多地在这方面下功夫，这其实是本末倒置的。小米在做内容运营时非常注重核心米粉的需求，而他们最关注的是小米的产品。如果小米把注意力放在其他方面，那么互动质量就会很差。事实上，谁都可以发段子、心灵鸡汤，并且因此得到一批粉丝，但这样的粉丝的忠诚度显然是不够的。

在微信上，小米会举行营销活动。比如，小米与其他自媒体组织过一次小米路由器1元公测活动，邀请了80多个自媒体达人参与，而这80多个自媒体达人鼓励自己的粉丝将文章分享到朋友圈，或者发给好友，只要集满三个赞，就能获得一次抽奖的机会。最后有63万人参与其中，总受众960万。

总而言之，小米通过方方面面的设计使得米粉产生参与感。黎万强这样说："小米成立四年来，参与感在实践中的深度和广度都在不断提升，它已不仅仅局限于产品和营销，更是深入全公司的经营。"

所以，每当小米举行什么线下活动或者小米开拓某个海外市场的时候，总是能看到一群穿着带有小米标志的黄色衣服的米粉自发出现在现场，为小米摇旗呐喊。

雷军说："我们办小米的目的就是聚集一帮人的智慧做大家能够参与的一款手机，当你提的这个建议被我采纳了，你说小米的这个功能是我设计的，这种荣誉感是他们推销小米很重要的动力。说得直白一点，小米销售的是参与感。"

小米的参与感理论不仅仅流行于小米内部，参与感理论也被其他企业广泛地学习和运用。《参与感》这本书更是卖疯了，一个东北养猪的个体户一下子就团购了1000本。这本书还被杨澜等诸多名人推荐。

雷军的好友、凡客诚品的首席执行官陈年近水楼台先得月，他也运用了参与感理论。

2014年，陈年在微博上说："帆布鞋试穿，让我明白了用户的参与是最重要的事。所以，再找1000个用户，试穿衬衫。"

用户在参与之后所提的意见让陈年大呼"比历任的鞋品经理都好"。他举过一个例子："当时我们正在做一件事情，就是测试凡客的帆布鞋。有一个用户特别小,叫刘梦,是成都一个小姑娘,今年大概20岁。我跟她通了很长的电话,关于帆布鞋的痛点,她谈得非常好,比我历任的鞋品的经理都好,难道这个孩子是天才?关于这个问题我想了一晚上,终于想明白了:因为她是每天穿帆布鞋的用户,她每天穿帆布鞋,她从初中就喜欢帆布鞋了,她了解帆布鞋的每一个细节。"

陈年在帆布鞋上做了尝试后,又在衬衫上做文章。他曾经在微博上问粉丝:"每天穿衬衫的人都是谁?"根据用户的答案,他得出:银行职员、公务员、4S店职员、保险职员、老师、新郎,还有发型师是排名排在最前面的。所以,凡客决定在衬衫上市之前,将衬衫送给这些职业的用户试穿。

网络上还流传着这样一个创业故事,说一个90后女生先是退学,然后辞职,最后创业。她创业做的是什么项目呢?卖新疆的枣。

那么,她具体是怎么样去做的呢?她发起了"枣梦计划",通过众筹的方式,和志同道合的小伙伴去新疆寻找最优质的新疆枣。皇天不负有心人,经过30个日夜的跋山涉水,他们终于找到一群枣农,这些枣农种了十年的枣,他们种的枣的生长期超过280天,每天有16个小时的光照。这些枣农坚持不打农药,采用有机种植。这一切都通过这位女生的微信朋友圈分享出来。

在出售这些枣的过程中,她和小伙伴们担心个别红枣有虫洞。于是,他们不眠不休地重复着同一个动作——挨个挑枣。虽然在新疆已经经过机器和人工的几番挑选,可他们还是忍不住再次逐个打量。

他们在从运输箱到手提袋、从外盒到内盒、从色调到配图、从文字到标点符号都下足了功夫，还特别在每一盒红枣里放了一张"枣梦进疆地图"，图中清晰标明了为了寻枣走过的所有路程和时间点。同时，地图反面有一个语音二维码，大家扫一扫，即可看到一段他们进疆的纪录视频，以及送给大家的一段语音祝福。

这位90后女生通过让她的粉丝和关注者参与到她的创业过程的方式，赢得了一批粉丝，获得了他们的信任，最后她成功打造出自己的品牌"枣梦"。

除此之外，关于运用参与感的商业案例还有很多。总而言之，通过贩卖参与感，企业可以获得一批忠诚的粉丝，在这个粉丝经济的时代，这是企业获利最有效的保障。

第四章
企业架构要跟着"互联网+"随时变化

你的公司为什么内耗越来越大？

未来在于一切互联

"互联网+"的企业

赚钱是有的企业死亡的根本原因

你的公司为什么内耗越来越大？

互联网改变了一切。它改变了我们的个体生活，业已成为我们生活中不可分割的一部分，我们的大部分语言和行为都会涉及互联网，乃至不得不依赖互联网，比如衣食住行。互联网改变了我们的生活习惯、工作习惯。个体的变化又影响家庭、企业、社会、国家等每个结构，在每个结构中，改变同样不可避免。比如，我们的家庭生活更多地体现在微信朋友圈中，比如，水费、电费的缴纳普遍从线下搬到线上。在国家层面，每个国家都越来越重视互联网。

同样，企业的变化也不可避免。比如，在企业的架构上，企业也面临着改变。互联网时代不像以前，业务的变化是越来越快，这就要求基础架构能够迅速地迭代，来应对变化。事实上，这种改变的意义非常重大。因为在互联网时代，传统企业的层级架构越来越成为一种负担，公司的内耗在不断积累着。

近几年来，复兴东北老工业区的呼声越来越大。东北老工业之所以衰败，体制落后是一个关键的因素。在互联网时代，"用户驱动"是所有触网企业生存的必要条件。

但是，东北老工业区的体制却十分僵化。体制僵化首先体现在信息的堵塞上，有新闻报道，某中央部委给全国的央企打电话发通知，其他地区都是第一时间接，电话名单上列的是谁接就是谁接，唯独打到东北的国企，往往要转几次才能找到正确的人，还有电话没人接、停机等情况发生，连上报中央备案的电话号码都会出错，可以看出东北国企在组织结构上的低效率。

事实上，这也是传统大型企业的通病。传统的组织形态通常以直线职能制为主要形式，由直线领导机构和职能部门组成，是典型的金字塔结构。

企业的最高管理者处于金字塔顶端，公司战略决策落地通过中层上传下达，市场信息通过基层员工收集汇总由下往上汇报。

这种金字塔的层级结构，要求决策和信息的层层传递，需要正式的流程和完整的文件来决定岗位、任务和职能，每一个员工都有职责规定的工作内容和可衡量的绩效考核标准。

但是，这种层级结构在互联网时代显然面临着巨大的挑战。逻辑思维的罗振宇说过："这种传统企业所采用的组织架构容易导致内部信息的滞留和异变，下级信息和一线信息不能及时传达到上级那里。"

公司为什么内耗越来越大？这是由于公司体制出了问题。

在互联网上传播的一篇华为员工批判华为内部管理的文章中，详细地说出了这种层级结构的缺点。尽管华为是中国最受人尊重的企业之一，但它同样有这样的问题。

首先，这位华为员工提到华为的内部协作问题。华为的内部协作十分困难，他说："如果不是自己牵头或者自己部门牵头负责的项目，很难调动得了资源。"基于这种情况，一旦出现问题，各部门间就容易产生相互推卸责任的现象。

然后，他提到管理层与普通员工存在矛盾。金字塔的层级结构导致了"一言堂"，也就造成员工"唯上是从"的工作态度和工作方式，从而使得华为管控体系出现舞弊怠工的现象，以及官僚主义。

接着，他提到企业发展和员工发展的不相适应。在严格的层级结构下，部门与绩效牢牢绑定，各部门只注重短期效果，缺乏激发员工潜力的机制。

最后，他直接说："世界500强为了避免类似的组织累赘，往往会采用事业部形式，就是把组织分成若干个小组织，让小组织自己承担盈亏。通过完整团队的运作，进行短链条的管理和交付。我们则执行的是长链条的管理和交付，市场和开发属于不同的体系，市场不把开发当人，开发则觉得市场没技术，出了问题就互相推诿。直接导致效率十分低下，简直令人惊诧。"

华为的问题自然是大多数传统企业的问题，这就是所谓的"大公司病"。

那么，华为员工所提的"事业部形式"是什么一回事呢？这里我们可以提及阿米巴模式。

阿米巴模式是由日本传奇企业家、有"经营之神"之称的京瓷公司创始人稻盛和夫所创。稻盛和夫说："所谓的阿米巴经营模式，就是将整个企业划分为一个个被称为'阿米巴'的小集体，从公司内部选拔阿米巴领导，并委以重任，从而培养出具有经营意识的领导。各个阿米巴自行制定各自的计划，实行独立核算，并依靠全体员工的智慧和努力来完成目标。通过这种做法，让第一线的每一位员工都成为主角，主动参与经营，进而实现全员参与经营。"

1964年4月，稻盛和夫的京瓷公司由最初的28人已经壮大到了150多人。但随着公司的壮大，一系列的问题也接踵而至。

稻盛和夫意识到随着公司越来越大，终有一天会失去开拓者的激情，从而沦落为一家极其普通的公司。稻盛和夫思考如何才能最大限度地发挥每个人的能力。最终稻盛和夫得到了答案，那就是只要回到创业阶段，就可以做到这一点。具体就是，人人都是经营者，把整个公司按照工序、产品类别划分成若干个小规模的组织，把它们视为一个个中小企业，放权经营，采取独立核算的方式来运作。

这些小集体并非一成不变，而是各自根据环境的变化而进行自我调整，因此取名为阿米巴。

即使公司的规模不断扩大，但只要按照事业的目的，把公司划分成能够进行独立核算的组织，那么就会不断涌现出具备经营者意识的领导和员工，就如同中小企业的经营者。

不仅如此，所有的阿米巴成员都能够更准确地把握各自阿米巴的目标，并为完成这一目标而各尽其职，从而提高个人的能力，满怀激情地投身于工作。这就是稻盛和夫的阿米巴模式。

2010年1月，由于国际油价走高和金融危机，以及经营不善等问题，日本航空公司陷入危机，不得不向东京地方法院递交了破产申请。为了拯救日本航空公司，日本政府邀请了稻盛和夫出任日本航空公司的董事长。

稻盛和夫说："日本航空公司之所以破产，是因为盲目的扩张和严重的官僚主义。现场与总部的渠道不同，现场的要求和问题反映不到管理层，所以，我首先对企业的经营服务意识进行了改革。"所以，日本航空公司的问题完全是内耗积弊的问题。

当时，日本航空公司的各项统计数据不仅不全，而且统计时间很长、很慢，往往需要3个月之后才能整理全数据，以至于经营者无法迅速掌握公司的运营情况。

于是，稻盛和夫把自己独创的"阿米巴经营"导入日航，凭借"阿米巴经营"中独立的会计管理系统，日本航空公司构筑了可以及时掌握各部门及各航线、各航班收支盈亏情况的体系。在这个体系中，以各负责人为核心，所有人为了提高效益，不断钻研创新。

这就是一个日本航空版"阿米巴模式"的会计管理系统，从日航重建第二年的 2011 年 4 月开始正式启用。

结果是，各部门详细的经营数据在次月就可以出来，员工们看到自己部门的实际经营状况后，会为了提高效益而拼命努力。此外，所有航线、每个航班的收支盈亏情况第二天就可以知道，现场的员工可以根据实际情况随机应变，例如增添临时航班之类的决定，现场的员工就可以自行做出判断。

现在，日航的全体员工通过灵活运用该系统，不断提高核算意识，为提升公司整体效益做出贡献。

在稻盛和夫的领导下，日本航空公司在实施一系列重建计划后，在宣告破产重建的第二年，就实现了扭亏为盈。

稻盛和夫的经营哲学或许会给我们一些启发。现在大多数互联网企业都会计划在企业组织中"去层级""去中心化"，这也是针对传统企业的弊端所做的改变。

未来在于一切互联

2015年,李克强总理在政府工作报告中,提出要制定"互联网+"行动计划,"推动移动互联网、云计算、大数据、物联网等与现代制造业结合,促进电子商务、工业互联网和互联网金融健康发展,引导互联网企业拓展国际市场"。

在"互联网+"时代下,企业和用户之间的距离可以无限接近,无缝连接,商业机会就蕴藏在同用户零距离的接触中。眼下,互联网医疗、互联网教育、智能家居、智能物流、智慧交通等都在快速发展中。互联网与金融、医疗体系、公共服务、交通系统相结合,都一一成为现实。马化腾在谈互联网趋势时说:未来一切都将互联。

看看全球第一大互联网公司谷歌对未来的布局就可以知道了。谷歌近年花费巨资,对医疗健康、移动终端业等多个领域中进行了投资。

2012年4月,谷歌发布了一款"拓展现实"眼镜。这款眼镜集智能手机、

GPS、相机于一身，用户只要眨眨眼，就能完成拍照上传、收发短信、查询天气路况等操作；无须动手，便可上网浏览网页或者处理文字信息和电子邮件。

无人驾驶汽车是谷歌X开发的第一个项目。2012年5月8日，在美国内华达州允许无人驾驶汽车上路3个月后，机动车驾驶管理处为谷歌的无人驾驶汽车，颁发了第一张合法车牌。

2013年6月，谷歌宣布利用"Wi-Fi热气球"，为农村及偏远、贫困地区提供廉价的互联网。谷歌的目标是让世界上偏远、贫穷的地方，全都实现无线网全覆盖。

2014年7月，谷歌宣布与诺华制药公司合作，研发智能隐形眼镜，一个小的芯片和一些传感器，被嵌入在两层隐形眼镜镜片材料中。眼中液体通过镜片材料上的微孔接触到传感器，从中得出患者的血糖浓度。谷歌智能隐形眼镜可以让测血糖变得简单：患者只需要每过一段时间检查一下手机就可以了。

2014年9月，谷歌收购Lift Labs公司，这家公司的主要产品是防抖勺子。防抖勺子相当于是防抖相机和勺子的混合体，它的加速计可以检测用户的摇晃程度,让勺子稳定,确保帕金森病患者能从碗里舀起食物，并一直送到嘴里。

谷歌的疾病监测手环是一种疾病早期检测系统，包含着一些可被吸收的、特殊的纳米颗粒，能够对疾病分子水平的征兆进行定位。一旦纳米颗粒发现了这些微小的破坏者(例如癌细胞),它们就会发出信号,被佩戴者的手环接收。

……

从这些例子中，我们可以看到未来的趋势，那就是各种产品都将联网。

面对这样的趋势，谷歌在企业架构上也做了大的调整。2015年8月11日，谷歌宣布公司组织架构调整。谷歌将成立一家新上市公司Alphabet取代现有的谷歌。谷歌公司组织架构的变化反映了谷歌公司在顺应未来互联网的发展趋势。

谷歌此举能够扩大公司架构的灵活性，通过新老业务的分离，进一步增强新业务在内部结构中的地位，让整个公司更加重视潜力更大的创新项目。

如今，Alphabet将取代谷歌成为公开上市的公司，谷歌将分开发布核心业务和Alphabet其他业务的财务业绩。这样一来，谷歌将更能集中精力于对新领域进行探索。

根据谷歌提交的重组计划，在Alphabet新公司旗下，将囊括多个谷歌子公司，包括自动驾驶汽车等创新项目，将成为自由发展的独立子公司。

新的谷歌公司将会包括以下业务：网页搜索、网络广告业务、谷歌地图、应用软件、Youtube视频网站、安卓系统。

Alphabet的成立为谷歌的高管提供了一个成为公司老板的机会。这些人的头衔将不再是谷歌的某某副总裁或某某业务主管，而是某家Alphabet子公司的首席执行官，完全掌握自己的命运，同时获得来自Alphabet的资金和支持。这也是谷歌应对日益激烈的硅谷人才争夺战的方法。

因此，外国媒体说，成立一家母公司Alphabet像是美剧《权力的游戏》

的剧情。"与其让单个家族来管理一个庞大的帝国，不如将自己的帝国划分成多个地区。谷歌将安排最有价值的'仆人'去管理这些地区，这将有助于他们对帝国的忠诚。"

这令投资人十分兴奋，当天谷歌股价暴涨了7%，这说明谷歌的组织架构的调整是对市场一个利好消息。

前谷歌全球副总裁兼大中华区总裁李开复认为，谷歌重组有三个原因，一是降低负面影响（如汽车业务导致的亏损、诉讼等）；二是谷歌品牌用于互联网业务，其他方面的业务应有别的品牌；三是给员工提供了内部升迁机会。

谷歌新的架构会为谷歌公司带来更大的灵活性。如果一个部门做得好或者不好，其规模可以扩大或缩小，公司之间也可以结成合作关系，也可以再成立不同的公司。

从谷歌的投资趋势可以看到未来的产品与互联网的连接，即物联网。从谷歌的组织架构的改革中，我们也看到了谷歌内部形成了高效的互联互通的网络化结构。这都是不可避免的大趋势。除此之外，我们还需要重视产品与用户的连接。

韩都衣舍是一个互联网服装品牌。它的企业架构值得我们重视，该企业架构适应了互联网时代的用户需求，通过产品与用户的直接连接，使这家公司成为一家基于互联网的著名时尚品牌孵化平台。

韩都衣舍创造了一种极具特色的以"小组制"为核心的单品全程运营体系，

通过自我孵化和投资并购两种方式，打造了一个基于互联网的时尚品牌孵化平台。

小组是直接面对用户的，用户的消费意见会直接通过小组决策反映到产品的改良和更新上。小组制将传统的直线职能制打散、重组，即从设计师部、商品页面团队及对接生产、管理订单的部门中，各抽出1个人，3人组成1个小组，每个小组要对一款衣服的设计、营销、销售承担责任。每个小组拥有的权力非常大，可以决定产品的款式、颜色、尺码，甚至包括产品的数量、价格、折扣。

公司的角色变成了公共服务平台，这个公共服务平台一方面提供所有可标准化、可以获得规模经济的环节，如客服、市场推广、物流、摄影等；另一方面公司设有品牌规划组与运营管理组，前者帮助品牌走完从无到有的过程，包括前期市场调研、商标注册、知识产权保护等工作，后者则负责对销售额达到1000万元的品牌进行管理运营支持。

此外，公司的企划部通过大数据分析，了解商品生命周期和商品比率，制定详细的企划方案，以此把握品牌和品类的产品结构和销售节奏，为品牌规划组和运营管理组提供专业建议。

除此之外，小组的收入将直接与小组的商品运营效果的指标挂钩。这种责权明确、权责利统一的方式，有利于激活每个小团队的创业能量。到2014年，韩都衣舍内部已有267个小组，全公司一年推出3万款新品，比其他线下品牌的效率高得多。除此之外，韩都衣舍每年不断推出新的服装品牌，覆盖不同类型消费者的细分市场，到 2015 年，韩都衣舍正式运营的子品牌已有 16 个。

韩都衣舍还设计了小组竞争机制，公司会给出每日销售排名以鼓励小组相互竞争，同时又在激励上向业绩优秀的小组倾斜。

与此同时，成绩好的小组会产生示范效应，如果有小组成员会提出来独立单干，做得差的小组成员会跟过去，小组成员之间可以自由组合，进而推动小组之间的良性竞争与优化，在内部形成流动性的生态。

在《失控》中，凯文·凯利提到互联网管理的几个特点：没有强制性的中心控制；次级单位具有自治的特质；次级单位之间彼此高度连接；点对点间的影响通过网络形成了非线性因果关系。

这几个特点准确描述了"互联网+"时代下组织变革的重要趋势：扁平化、网络化、垂直化、自组织、分权化、民主化、社会化、国际化，这样不仅确保组织高效灵活运行，而且极大激发了组织成员的创新能力。

"互联网+"的企业

在"互联网+"时代，用户的个性化、碎片化和快速变化，使得企业不得不打破科层结构对组织行为和员工行为的束缚，打破组织僵化，让全员面向用户，快速反映用户的需求。

前面我们说到，韩都衣舍通过小组制和服务平台得到了快速发展。同样，阿里巴巴也把公司拆成更多的小事业部来运营，通过小事业部的努力，把商业生态系统变得更加透明、开放。这样的例子还有很多。

对于"互联网+"时代对企业组织结构的要求，"小前端+大平台"的结构则是很多企业组织变革的基本结构。这种"小前端+大平台"意味着以内部多个价值创造单元作为网络状的小前端与外部多种个性化需求有效对接，企业为小前端搭建起后端管理服务平台，提供资源整合与配置。企业组织成了资源和用户之间的双向交互平台。

走在企业架构互联网化最前列的是海尔公司。无论从改革深度还是广度等方面来说，海尔的探索都是史无前例的。而且，海尔有 6 万员工，在这样大规模的企业中进行这样的改革是十分困难的。

如今，海尔的组织结构可以显著地扩大公司与外部世界之间的联系，来实现与用户的零距离连接。

美国战略大师加里·哈默将海尔的组织模式的创新视为典型，他认为在边界日益模糊的世界里，像海尔这样的无边界公司必将领跑整个行业。

那么，海尔的改变表现在哪几个方面呢？

第一，海尔对管理结构进行了非常大的扁平化改革。张瑞敏直接砍掉了中间管理层，进行扁平化管理，从此也没有了上下级关系。在海尔内部只有三类人——平台主、小微主、创客。平台主做创客平台，主要提供创业服务。小微主是海尔小微公司的负责人，一个海尔小微通常不超过 8 个人。创客，顾名思义，就是创业的员工。

第二，张瑞敏要求每一个员工都去接触用户，海尔内部形成了多个小微公司。海尔将它的组织结构切分成近 4000 个自我管理的独立小微。而这些小微公司都成为员工创业的平台，也就是说，如果员工自己找到用户，那你自己可以创造价值，而创造出来的价值有你的一份。

这些小微公司是相对自主、自组织的，它们仍然是海尔的基本组织单元。每个自主经营体由不到 20 个人组成——有时团队聚集在一地，有时则是虚拟团队——他们发挥各种职能角色，为某一具体项目走到一起，自负盈亏。他们有自己独立的财务体系和完全的自主权，可以决定雇用和解雇员工，制定内部支出规则，决定奖金分配，并就几乎所有运作方面的问题进行决策。为了将产品推向市场，这些小微既可以选择与海尔内部的研发、设计和制造等资源进行合作，也可以和外部资源合作。

海尔在研发、生产、供应链、渠道、售后等方面，都进行了这样的改革。比如，海尔电器售出后的安装服务是由一个个"车小微"完成的。一个"车小微"包括了一个安装师傅和一个货车司机，海尔集团共有9万多辆这样的服务车。用户可以通过互联网平台选择送货的车小微，并在电器安装后对其打分评价。这样的市场化机制可以淘汰那些差的车小微，从而促进海尔安装服务的改进。

各个小微公司所要做的就是在和用户交互的环境中，根据用户的使用数据和回馈寻找用户的需求点，产生创意，然后改进生产设计或服务，进行产品创新和服务创新，简单地说，就是以用户为中心和"为客户定制个性化产品"。

以海尔的世界首款智能空气质量控制设备"空气魔方"的生产和销售为例，在海尔定制交互平台上，经常有客户抱怨空气质量问题，希望海尔能够在这方面提供帮助。为了提供解决方案，一个由130位内外部专家组成的海尔团队宣告成立。在前6个月，团队收集到来自超过80万名关注该项目的粉丝的海量反馈。团队将所有反馈提炼为 122 个不同的痛点，然后设计样机，在一家人气很高的众筹网站上发布，超过 7000 名客户购买了众筹版产品。凭此，海尔收集到更多关于样品的反馈。根据这部分客户提供的另一轮反馈，团队对"空气魔方"进行了上市前的最终完善。

当前海尔平台已有 183 个小微生态圈，例如，免清洗洗衣机、雷神笔记本、智胜冰箱等都是从传统产业孵化出的小微公司的产品。2015 年，海尔平台又孕育出了有住网、蛋业生态、极车公社、快递柜、社区洗等很多新项目。现在，海尔有 77% 的小微年销售额过亿。

加里·哈默说："因为随着组织的发展壮大，科层体制会更加快速地发展，随之产生的一个后果就是公司中具有直面客户职责的员工比例越来越低。大部分员工都面向内部，负责管理与其他业务部门、公司人事管理部门或供应链合作伙伴之间的内部关系。在现实世界中，客户在不断地更新自己的视角，渴望了解新鲜事物，渴望知道企业最近做了哪些能满足客户需求的事。就在我们忽视一些超级用户的同时，却不知道他们当中的很多人知道的信息比我们还多。"海尔的改革和成功为我们思考如何解决用户痛点树立了精彩的榜样。

而另外一个典型代表就是美国的晨星公司，这一全球最大的番茄加工企业没有阶层机构，所有员工进行自我管理，自己制定工作目标，自己获取工作所需的工具和设备，并致力于实现公司的目标。

每一个人在这个组织当中，就像一个个体户，有充分的自由来决定自己做什么，以及如何动用资金和规划预算，并且综合各项信息，最后规划成自己的行动方案。

凯文·凯利认为，类似互联网公司的组织架构有三个方面的优点：

1. 互联网行业比其他行业更需要快速创新和进化，凭借群体智慧，发挥无限可能。

2. 同时，这样的组织架构有很强的弹性——容错度高，可以帮助企业降低决策风险。

3. 基础层面的沟通和执行将非常高效，这是大公司最渴求的一件事。

当然，这样的公司也需要一定条件的支持：

首先，需要完全公平、自由的资源环境，不论是哪一个团队的成员，都能够获得平等的收益。

其次，公司必须拥有先进的企业文化，员工的职业素养和核心目标必须能保持一致。

比如，海尔公司之所以能够创造这样的管理模式，背后的支撑是海尔文化。张瑞敏能够把一家濒临破产的小厂做成世界知名的家电巨头，其中就有两个原因，一是海尔以客户为中心，二是海尔充满危机意识。

张瑞敏说，没有成功的企业，只有时代的企业。企业不能改变时代，唯一能改变的就是自己。

最后，公司需要复合型人才。公司进行扁平化、去中心化管理后，容易导致缺乏强有力的中心控制。各支团队容易各自为政，从而浪费公司内部的资源，产生严重的分歧，无视公司整体目标，出现派系斗争，这时候就考验团队负责人的能力了。

我们有理由相信，未来还会有更多的传统企业通过组织结构的升级和转型拥抱"互联网+"时代。

赚钱是有的企业死亡的根本原因

如今,大部分互联网企业的组织架构都发生了很大的变化,而这也意味着企业目标和员工目标发生了深层次变化。

企业的架构规定了企业的发展方向,即企业将要成为一个怎么样的企业。海尔的转型意味着海尔要从传统制造业企业成为一个互联网企业,这是浅层次的。同时,海尔的转型也意味着海尔将成为一家更注重"以用户为中心"的互联网企业。海尔将通过高效率的管理模式提高生产效率,生产出更多符合用户期待的产品,以适应更多人的个性需求。这种企业与用户的精准对接节约了社会资源,使企业实现了更多的社会价值。

企业的架构同时规定了企业员工的意义和价值。如今大多数互联网企业的去中心化、去层级、扁平化的管理模式意味着更大限度地释放员工的个性，更大限度地实现员工的价值。员工将不再是"流水线"上企业的被动参与者，员工成为自己命运的主宰，主动地实现自我价值。

我们都知道互联网精神是指自由、开放、合作、共享。随着企业架构的变化，也意味着互联网精神将得到更大限度的释放和实现。互联网的企业家、创业者、从业者将不只是以赚钱为目的的人，企业虽把赚钱作为目标之一，却不是唯一的目标。

阿里巴巴和腾讯的追求值得我们尊重。马云就说过："赚钱不是目的，只是结果。"最近，马云又说："下辈子的事业与赚钱没有联系。"腾讯的目标也不是成为一家赚钱的公司，马化腾曾公开表明："腾讯的梦想不是让自己变成最强、最大的公司，而是最受人尊重的公司。"

事实上，在这个互联网时代，无论是传统企业还是互联网企业，发展到一定程度，赚钱早就不再是唯一的目标。即使是很多初创的公司，赚钱这一目标也在一定程度上被弱化了。在这个物质越来越丰富的社会，许多人创业的目的不再满足于个人的金钱欲望，而更多的是追求一种自我实现和社会价值。

当然，也有例外，这个例外就是P2P网贷。

2014年，是P2P网贷刚刚火起来的时候。在短短的一年内，中国冒出了数千家 P2P 公司，但同时又有数百家关门跑路，截至 2014 年 12 月，出现提现困难、倒闭、跑路等问题的 P2P 公司达 338 家，这使众多的投资者尤其是一些中老年人的资金打了水漂，造成了极为恶劣的社会影响。

到了 2015 年，P2P 公司的跑路风波并未偃旗息鼓，反倒是愈演愈烈。据网贷之家的数据显示，2015 年上半年，出问题的公司高达 419 家，是去年同期的 7.5 倍，跑路占比约 48%。2015 年 10 月上旬，在网络上盛传一份 P2P 问题平台名单，有 677 家之多，涉及提现困难、诈骗跑路、平台倒闭、老板失联、经侦介入等问题，其中跑路的有 360 多家。

一时间，P2P 网贷被冠以"庞氏骗局""非法集资红线""骗贷"等极不光彩的名字，人人谈之色变。

如此一来，我们可以看到部分 P2P 网贷实际上是一个骗局。当然，还是有大部分 P2P 网贷是正规的，不能一味地否定 P2P 网贷。

那么，为什么大部分的 P2P 会失败？有人分析，因为它们虽然短期可以赚钱，但没有创造价值。

从目前来看，P2P 网贷行业被一种单纯以赚钱为目的的思想所主导。企业纷纷涌入，无非是想快速地分得一杯羹，然后套利走人。

显然，这与互联网精神、与互联网的发展现状十分不符合。与互联网行业越来越尊重用户、服务用户的价值观相去甚远。假如互联网创业公司抱着这样的投机心理进行创业、创新的话，这其实是必死无疑的。

当然，这样糟糕的情况是互联网发展中的少数情况。简单地回顾一下近些年的互联网创业公司的历史，就会发现因违法而失败的互联网公司是很少的。

网络上流传了一些总结性文章，比如，《10大互联网创业失败案例》《12大互联网创业失败案例》《17大互联网创业失败案例》。这些文章中列举了少数几个因为违法而失败的互联网企业。例如，亚洲互动传媒，2004年7月，亚洲互动传媒在英属百慕大群岛设立，其销售收入以电视广告代理业务为主，TVPG（电视节目指南）和EPG（电子节目指南）为辅。

2005年10月，公司获得红杉资本的投资。之后，亚洲互动传媒先后吸纳了包括新加坡野村证券公司、美林日本证券公司、日本最大的广告公司电通等日本著名的金融、广告公司。

2007年4月，亚洲传媒在东京证券交易所上市，但仅过了一年，亚洲互动传媒就无奈退市，原因就是其首席执行官崔建平挪用公司资产。

还有一个例子是分贝。2003年6月，郑立等人一起创建了163888网站，寓意"一路上发发发"。随后，他们开发K8录歌软件，163888逐渐成了中国首屈一指的网络歌手聚集地。

2004年10月，IDG向其投资200万美元，占其20%的股权。2006年，网站注册用户达到 1200 万。同年，163888 获得了 600 万美元股权投资。

2007 年 6 月，网站启用了新名字——分贝网，但分贝网的盈利模式并未有根本转变，依靠卖空间和收取会员费的盈利模式难以为继，广告成了分贝网主要的收入来源。

2009 年，郑立涉嫌经营色情视频聊天业务被捕，2010 年 1 月，此案开庭审理，郑立当庭认罪。分贝网最后倒闭。

总的来说，在互联网创业公司的发展历史上，很多企业是由于经营不善而失败的，而很少有因为违法导致失败的。这或许就是互联网精神带给创业者的一种基本素养。

我们还可以看看 2016 年上半年的互联网企业的失败案例。这几家互联网企业都是曾经的明星创业企业。

其中有蜜淘网，蜜淘网曾是跨境电商的标杆，有"海淘版唯品会"之称。在一年的时间里，蜜淘网获得了三次融资，融资额呈指数级增长，一时间，蜜淘网前途无限。但由于其他电商巨头实力庞大，在它们的夹击之下，蜜淘网最后失败。

博湃养车，创办于 2014 年，是最早的一批 O2O 创业公司。一年不到，博湃成为汽车养护行业的巨头，但由于市场对养车行业缺乏需求最后失败。

美味七七，以上海为中心，提供高品质的生鲜食材，全程配以冷链配送。

2014年5月获得了来自亚马逊公司的2000万美元战略投资。后由于股东之间发生矛盾冲突导致资金链断裂。

从某种程度上而言，传统企业或互联网企业的组织架构的创新不单单是管理模式上的创新，更是一种互联网精神的不断深化和拓展。企业不再单纯以赚钱为目的，对于互联网时代的企业家来说，这是基本的素养。

第五章
大数据到底是什么

对商业来说，数据就是未来的石油能源

BAT 三巨头之争即是数据之争

入口在哪里？

如何打造你的黏性

对商业来说，数据就是未来的石油能源

2015年5月，马云在贵阳召开的数博会上说："未来最大的能源不是石油而是大数据。"

他在演讲中说："……今天重点讲的是从IT到DT（指数据处理技术）的变革。IT和DT不光是技术的提升，本质上是两个时代的竞争，标志着一个新的时代的开始。所以大家一定要高度重视DT时代的思考、DT时代的思维。IT时代是让自己更加强大，DT时代是让别人更加强大；IT时代是让别人为自己服务，DT是你去服务好别人，让别人更爽，是以竞争对手服务竞争对手；IT时代是通过对昨天信息的分析掌控未来，控制未来，而DT时代是去创造未来；IT时代让20%的企业越来越强大，80%的企业可能无所适从，而DT时代是释放80%企业的能力；IT时代把人变成了机器，而DT时代把机器变成了智能化的人，所以整个世界将会发生翻天覆地的变化，我们

正在进入一个新型的时代。"

他还说道："未来所有的制造业都将会成为互联网和大数据的终端企业。未来的制造业要的不是石油，它最大的能源是数据。所以，未来将会发生天翻地覆的竞争。"

这不是马云第一次谈到大数据。在 2014 年 3 月北京举行的一场大数据产业推介会上，马云也表达过类似的观点。

当然，马云的观点并不被所有人认同。不过，马云所说的大数据的影响力我们可以直观体验到。例如，当我们打开 QQ、微信的时候，网页上会向你推荐一些"你可能认识的人"，这些人通常是你失去联系多年的同学或者是你的手机电话簿里的联系人；当我们打开购物网站的时候，会发现网站会推荐某些东西。

我们每一次点击鼠标、每一次支付都会产生数据，每天都在生成海量的数据，会向你推荐相应的产品。

根据国际数据公司的研究结果表明，2008 年全球产生的数据量为 0.49ZB，2009 年产生的数据量为 0.8ZB，2010 年增长为 1.2ZB，2011 年高达 1.82ZB，2012 年为 2.7ZB。在 2020 年，全球数据将突破 40ZB，是 2012 年的 40 倍。而中国的数据量将突破 8ZB，是 2012 年的 23 倍。

这些大数据的数据类型非常多。当然，在互联网没有像今天这样发达之前，我们同样拥有各行各业的大量专业数据，比如，电力公司智能电表数据、电信公司的通信数据、银行的金融数据等。

在互联网应用大量出现的当下，图片、声音和视频等方面的数据获得了巨大的增长，新闻、论坛、微博、微信等产生了更为庞大的数据。

随着经济全球化趋势的形成，企业的生产成本不断上升，企业之间的竞争越来越残酷。在这样的情况下，企业能否对市场变化做出快速调整的能力就显得越来越重要。而大数据的快速分析处理能力，将会为企业带来这方面的支持。对企业而言，这些数据将是形成核心竞争力的重要基础。

海量的数据中蕴含了巨大的市场潜力。谁能够拥有更多的数据，谁就能在商业竞争中占得先机。

2012年3月，美国政府宣布投资2亿美元拉动大数据相关产业的发展，将"大数据战略"上升为国家战略，并将大数据定义为"未来的新石油"。

因此，毫无疑问，对于商业来说，数据就是未来的石油能源。

到如今，大数据的应用无处不在，它与我们的生活密切相关。无论是在日常生活领域，还是在公共服务领域，我们都越来越离不开大数据。

在互联网时代，我们在网上留下海量的足迹，如购买商品前对商品的浏览、比价，观看电影前先搜索影评等，这使得相关网站平台获得了大量的行为数据。企业通过进一步分析这些数据便可快速获取影响未来的信息。借助大数据技术，企业可以比以往任何时候都更加了解消费者。

在互联网刚刚诞生的时候，人们说，在网上，没人知道你是一条狗；在大数据时代，人们又说，我们不但知道你是一条狗，而且知道公母，你爱吃什么，什么时候睡。这虽然是一句笑话，但大数据的威力的确如此。

在公众服务上，大数据的应用也十分普遍。比如，通过遍布各地的电子眼和监控摄像头，警务系统可以基于大数据识别一些危险的人或危险的行为，发现苗头后进行预警。

2015年7月，最高人民法院与阿里巴巴的芝麻信用合作，开创了联合互联网进行信用惩戒的先河。在与芝麻信用合作的各个平台的商家中，那些拒不执行判决、裁定的"老赖"无法预订机票、软卧车票、三星级以上酒店甚至度假产品。半年里，共计5300多名失信被执行人因此还清了债务，其中超过四分之一的"老赖"都已经躲了三四年，可见大数据应用的威力。

不过，尽管我们的生活已经被大数据深刻影响着，但大数据的市场还是有待发掘的。从大数据市场潜力来看，2012年中国的大数据市场增长率达到了52.4%，市场规模达到3.2亿元。在2013年到2015年这一段时间，大数据是处在成长期，还没到成熟期。

2015年，中国大数据市场规模达到115.9亿元，增速达38%。这一年也被称为"大数据元年"。

有企业家分析说："大数据在我国已具备了从概念到应用落地的成熟条件,迎来了飞速发展的黄金机遇期。"

所以，对于企业来说，谁先一步找到大数据的盈利密码，谁就能够抢占市场，获得发展；谁能最大限度开发大数据的商业潜力，谁就能"垄断"大数据这一新兴市场。

在这样的背景下，企业家应该拥有大数据思维，以把握大数据带来的发展机遇。所以，以下几点是需要人们关注的。

第一，一切都是数据。除了我们常见的，也就是那些网页浏览、网上购物交易、互动记录可以形成数据之外，用户的情绪（如对色彩、空间的感知等）也可以形成数据。对于数据的理解要无限扩大。

第二，一切数据都业务化，一切业务都数据化。通过海量数据以及不同数据的内在联系，我们可以用来预测用户的行为偏好，并应用于商业和公共服务领域。

第三，数据即价值。简单地说，数据就是金钱。在互联网行业，以前我们会认为网络服务、软件、硬件等可以获得经济收入，而忽略了数据的价值，但现在数据就是金钱，而网络服务、软件、硬件都将走向免费，它们将成为企业获得海量用户数据的中介。马云就在多个场合强调，阿里巴巴是一家数据公司，卖东西是为了获取数据。

第四，效率第一。在互联网大数据时代，企业的效率决定着企业的生死存亡。所以，我们允许对大数据的判断和分析出现小范围偏差，这样有利于快速做出反应，而不是因为追求精确性而耽误时间。

第五，定制化。互联网时代，人们对个性定制的需求越来越大。运用大数据分析，我们可以为用户提供个性化服务、个性化产品，这也是企业的核心竞争力所在。

当然，大数据时代给我们带来一个非常大的挑战，那就是安全领域的挑战，如果没有对大数据安全的保护措施，那么所有的大数据可能都会变成空中楼阁。

我们今天就面临着数据泄露的危险。假设你今天买了房，可能明天就会有装修公司给你打电话，更不用说我们在网络中留下的那些浏览记录和个人信息所面临的泄露危险，这些都是安全隐患。

对于企业来说，对数据安全的忽视就如同石油企业的石油泄露，对企业的威胁是致命的。

当然，大数据的前景还是十分光明的。

2016年，微软公司以262亿美元的高价收购领英公司，令人大惑不解。在人们看来，领英公司不值这个价格，而这也是微软公司历史上数额最大的收购交易。

值得注意的是，领英公司拥有职业社交网络的大数据资源，这被认为具有巨大的商业价值。所以，微软为什么高价收购领英，原因不言自明，那就是领英提供的社交数据对微软未来的布局很有用。

BAT 三巨头之争即是数据之争

中国已是世界上最大的互联网市场，有超过 6 亿的网民和接近 6 亿的手机网民。在世界十大互联网公司中，中国的互联网公司占据四席。此外，中国还是世界第一大网络零售市场，这其中产生的海量数据就宛如中国互联网企业眼前的巨大蛋糕，谁都想尝一口。

但是，在大数据领域，BTA 是挡在其他互联网企业以及传统企业面前的三座大山。这三大巨头对大数据的积累最为雄厚，对其应用最为广泛和深入。它们走在其他企业的前列，它们在商业竞争方面的核心，也就是数据竞争是最引人关注。

当马云宣告大数据时代已经到来的时候，大数据市场正式成为中国互联网企业的必争之地。

在大数据时代，百度、腾讯和阿里巴巴这三家互联网巨头将重新洗牌，谁能够在大数据领域走在最前面，谁就能取得领先的优势。可以这样说，BAT 三巨头之争就是数据之争。

我们先看看 BAT 这三家的数据资产和基本布局。

从数据类型来说，腾讯数据最为全面，因为腾讯的互联网业务比较全面。腾讯数据中最为突出的是社交数据和游戏数据。从社交数据中可以分析出人们的生活、行为方式，从里面挖掘出大量有关社会、文化、商业等领域的信息，从而对未来起预测作用，并服务于腾讯的发展战略。

游戏数据主要包括大型网游数据、网页游戏数据和手机游戏数据，其中最为核心的是游戏的活跃数据和付费行为数据。

腾讯在大数据的运用上有一个特点，那就是"自产自销"。腾讯通过大数据分析腾讯用户的社会关系、性格禀赋、兴趣爱好等，以满足腾讯用户更多的需求，提高用户体验。

比如，很多 80 后、90 后都玩的网络游戏——穿越火线——上面就有大数据的应用。腾讯通过把穿越火线玩家的行为构建成标签库，就可以对其进行精准的营销，如不同的用户看到的官网是不一样的，重度玩家和轻度玩家看到的对道具的推介是不一样的。对于一些长时间没有上线的玩家，腾讯会把游戏的新玩法推介给他们，以提高他们的兴趣。

阿里巴巴最为突出的数据是电商数据，包括用户在阿里巴巴的天猫和淘宝上的浏览、搜索、点击、收藏和购买等数据。在一定程度上，阿里巴巴掌握的交易和信用数据更容易变现，更容易从中挖掘商业价值。

阿里巴巴的消费数据覆盖之广、累积之深，全球没有任何一家企业能比得上。另一方面，阿里巴巴的云计算技术位居前列，其数据挖掘能力是最强的。阿里巴巴的目标就是建立一个数据交易市场。

在BTA之中，阿里巴巴的大数据在互联网金融领域的应用是非常突出的。阿里巴巴利用自己在B2B领域与银行、企业广泛合作的优势，以及阿里平台大数据和信用体系，为中小企业和个人提供了各种互联网金融产品。比如，阿里巴巴的阿里小贷就是运用大数据了解和预测客户行为的典范。

我国一直存在企业融资难的问题。对于大多数小微企业或个体户而言，如果无抵押、无担保，从银行获得贷款的难度很大，但是，阿里小贷却巧妙地解决了小微企业的融资难题。

在淘宝、天猫这些电商平台上，每天记录着各个商家、网店等小微企业的销售额、信用记录、顾客流量、评论、商品价格和存货等各类数据。通过分析大量数据，阿里巴巴建立了信用体系。借款者可以凭借自己的信用，不用提交任何抵押与担保，就可能通过阿里巴巴融资。

通常来说，数据比文字更真实，更能反映一个公司的正常运营情况。阿里巴巴通过海量的分析得出企业的经营情况，从而管控了借贷的风险。

阿里巴巴在互联网金融领域做得风生水起。阿里巴巴的蚂蚁金服旗下有支付宝、余额宝、招财宝、蚂蚁聚宝、网商银行、蚂蚁花呗、芝麻信用、蚂蚁金融云、蚂蚁达客等业务，这些都是成功应用大数据的案例。

百度的数据以用户搜索的关键词、网页、图片和视频数据为主。百度掌握了人们的需求数据。

搜索引擎的数据搜集能力是最强的。只要我们输入关键词，百度就能够分析出我们的搜索行为，就能马上匹配精准的广告，大大提高了广告的展示效果。百度的收入基本上是广告收入。百度也是最早利用大数据的公司。

以搜索引擎起家的百度天生就具有大数据应用研究与实践的优势。百度可以为每一个用户提供平台化的预测服务，借助这种服务，更准确地预见未来的趋势，趋利避害。

从2014年8月开始，百度推出基于大数据的经济指数预测产品——百度经济指数，包括中小企业景气指数和宏观经济指数预测。

通过对产品的搜索热度以及几十万家的企业客户在一段时间内的广告投放量进行分析，结合其他数据，能提前3个月知道各行业的经济指数，甚至能细化到某个地区某个行业的热度。结果证明，百度的数据和国家统计局公布的数据的契合度非常高，达到95%。

百度可以帮助客户进行市场预测。例如，百度曾经和马自达公司合作，建立数据模型，找出和马自达6相关的信息。最后，百度根据IP地址，发现在华北地区搜索马自达6的用户很多，从而判断这里将是新的重点销售区域。

除此之外，百度的大数据还可以用于其他多种服务。例如，如果用户的皮肤出现问题，那么用户可以拿手机对着皮肤拍照，并传输到百度大脑（百度的人工智能产品）。百度大脑中有100万个病例分析，通过比对和分析就能知道皮肤出了什么问题。百度大脑能够从知识库中将相关疾病的详细信息及解决办法等转化成语音，最后发送到用户手机上，同时提供文字和语音供用户参考。

还有，百度与北京市政府合作推出了基于大数据监测的健康管理产品"健康云"，通过可穿戴设备测量血压、心跳、体重、体脂等指标并传导至后台分析、反馈，提前预防疾病，为政府合理分配医疗资源提供数据支撑。

百度拥有庞大的用户群和很强的用户黏性，并能够利用人工智能挖掘技术对数据进行深入剖析，这些优势将驱使百度一步步向各个行业渗透。

为了长期发展，这三家公司都积极与其他公司合作以拓宽自己的领域。例如，腾讯和京东合作，使腾讯掌握一部分电商数据，并更加了解客户需求；还有阿里巴巴和新浪合作，等等。

除此之外，BAT也早已意识到单纯依赖企业或行业内部的数据源会极大地禁锢数据产业的创新思路，制约数据价值的提升，因此逐步构建数据的开放共享平台成为他们的发展趋势。

对于BAT的大数据布局，马云曾公开评价说："阿里管理好，腾讯产品好，百度技术好。"显然，在大数据领域，BAT各具优势。

直到今天，马云还在公开场合表示："我们也不知道如何用数据挣钱，但我们知道人们的生活将离不开数据。"马云的话说明了中国企业对大数据的应用还存在无限的可能。

　　BAT 在大数据领域的布局才刚刚开始,现在谈胜负还比较早,但竞争早已开始了。

入口在哪里？

大数据在金融行业应用的范围较广。除了阿里巴巴的互联网金融案例之外，一些传统企业也形成了自己的大数据商业模式，即供应链融资。

一达通是深圳的一家为中小企业出口做代理报关的服务型企业，一达通不生产任何产品，业务涉及通关、商检、物流、银行、保险、退税、融资等所有外贸服务环节。

一达通开发金融业务的半年后，它的排名就上升了 81 位。据海关信息网数据显示：2012 年上半年我国一般贸易出口企业百强榜中，华为排名第一，一达通名列第 13 位，而 2011 年一达通排名尚在第 94 位。

在外贸形势的变化下，外贸小企业缺乏金融服务是其在海外竞争中面临的最大门槛，而传统银行在这一块始终无法跟进。于是，一达通就做起了本应由银行该做的金融放贷业务，而且越做越大，其规模和盈利甚至超过了主业，公司的八成盈利都来自金融业务，包括保险、外汇结算、融资等。在风控和效率上也比传统银行要好得多。

那么，一达通的资金是从哪里来的呢？一达通从银行借贷，再零售给外贸小企业。2014年，一达通从中国银行深圳分行获得的贷款达8亿多元。2015年，它的授信额度则高达40亿元。

由于从银行获得的资金成本低廉，一达通可以以10%—18%的年利率把贷款再零售给外贸小企业，从中赚取差价。对于小企业而已，它们通过一达通平台获得包括退税融资、赊销融资、订单融资等融资品种，基本涵盖了外贸环节所需的所有金融服务，而且成本低于其他小额贷款公司。

2014年，一达通共有8000多家小企业客户，实际发生的外贸业务有6000多家，其中30%—40%需要贸易融资。

如此大的市场，为什么传统银行不能做呢？因为外贸小企业的核心风险在于虚假贸易，而银行的劣势在于不参与贸易，风控成本太高。

一达通作为中介平台代办企业的报关、物流、收取定金、催收贷款、退税等业务，除了生产，小企业在整个外贸过程中的物流、资金流、信息流等都能控制在一达通手里，还有大量历史交易数据可查，从而实现了有效的风险控制。

据一达通提供的数据，一达通发放的贷款最小额度为几万元人民币，最大的单笔为100万元人民币，平均周期在两个月左右。银行只需要把贷款拨给一达通，就能实现对一两百个小企业的放款。2014年，一达通贷款余额共8亿多元，坏账仅为几十万元。

在深圳，像一达通这样的公司并不少。比如，怡亚通，怡亚通将这种模式从出口做到进口，从境内做到境外，并成功上市。

这些公司共同的特点是：它们提供的服务早已从传统的进出口报关代理、仓储物理管理、采购分销管理、电子商务平台延伸到了金融领域。通过传统的物流报关服务（这项服务最终将会免费），获取客户群和大数据，在此基础之上推出供应链金融这样的增值服务，并获取收益。

阿里巴巴在互联网金融领域做得风生水起。作为中国第二大电子商务平台的京东也不甘人后，京东在2012年进入互联网金融领域，在2013年成立金融集团，再到2014年在美国纳斯达克上市，市值近300亿美元。京东旗下的金融产品有京保贝、京东白条、京东8.8、京东小金库、京东P2P等。

其中，京保贝是一个针对供应商的供应链融资产品；京东白条是针对买家消费者的一个分期付款的消费金融产品；京东小金库是一个和余额宝性质相同的理财产品。

基于零售所产生的订单和用户交易数据，京东可以通过大数据分析，让面向供应商的京保贝，实现3分钟审批贷款。在信用消费上，每一个用户的京东白条使用额的多少，与其消费能力相关。所以，京东的风控和信用体系是强大的。

京东在传统电商的外衣下，正在形成以电商、互联网金融、物流业务、技术平台为主的新经济帝国。在互联网金融领域，京东有向卖家提供的小额信贷、联保信贷、流水贷款、票据兑现、应收账款融资等金融服务，还有向个人提供的消费信贷、P2P等金融服务。所以，与其说京东是一个电商公司，不如说它更是一家银行、一家跨界的互联网大数据金融集团。

除此之外，大数据在精准营销方面也应用广泛。京东在这方面处于行业领先地位。

作为中国领先的自营式电商企业，京东拥有1.55亿年度活跃用户，基于京东的"京腾计划"，实现腾讯社交大数据与京东电商大数据的打通，帮助商家精准量化决策。

京东的京准通以京东大数据为基础，通过站内站外的整体投放、线上线下的全面整合，为商家提供从量化决策到营销推广，再到效果反馈的全流程服务。

首先，京准通可以通过大数据分析，给客户提出建议。

其次，确定营销人群，根据京东大数据，确定营销的核心人群、意向人群、流失人群等。

帮助客户选定营销工具，京准通拥有"京东快车""京选展位""京东直投""京挑客"等营销产品，通过多元化的投放体系和渠道，帮助商家根据自身特点制定完整的营销方案，以最合适的营销工具提升营销的投资回报率。

最后进行效果衡量。京东会根据技术上的关键绩效指标，做用户调查，同时也帮客户做调研，形成一个非常完整的解决方案。

京东大数据也应用在京东最核心的采销系统上。通过大数据的分析和预测，京东可以做到让采销更有针对性，不会出现脱销或过高的库存成本。

随着品类扩张，采销人员管理的SKU数量也在激增，补货时间长，效率低。京东基于大数据建立了补货模拟平台，依托Hadoop集群，根据历史数据及销售季节的波动、促销策略，推演库存变化，并给出科学的采购建议。

对电商平台来说，拆单率越小，成本越低。京东在全国有200多个仓库，借助大数据，可以做到让商品部署更合理，拆单率大幅降低。所以，刘强东十分自信，他认为他的物流体系比市场上任何一家竞争对手都至少要领先五年。

京东大数据还能够对单一用户和用户群建立精准的需求画像。京东有300多个用户画像标签，覆盖用户的基本属性、购买能力、行为特征、社交网络、心理特征、兴趣爱好等多个方面。而根据对不同用户群的分析，京东还划分了数码潮人、家庭用户、有房一族、网购达人、时尚男女、单身贵族、奶爸奶妈、超级用户、闪购用户等群体标签。通过用户画像，京东可以为用户提供个性化推荐，从而提高用户体验。

有了对用户的洞察和了解，以及实时的购买需求，就能更精准地推荐商品。比如，当一个账号开始浏览奶瓶、奶粉、婴儿车时，相关用户模型就会判断出某个用户将有孩子，并进一步分析出孩子的性别，然后向用户推荐孩子在不同成长阶段所需要的商品。

京东还能够分析出不同区域用户的购买力指数和品牌偏好。这些数据指标的实用价值非常大，它们和京东的仓库、配送站和自提点的部署紧密相关，可以提升运输和配送效率，可能用户还未下单，商品已经前置到配送点等候了。

京东还有一套动态定价系统，通过大数据模型和预测工具，可按照季节性、生命周期、友商价格等因素，科学地设定商品价格。

此外，京东已经开始利用自身对用户购买习惯的洞察，来帮助线下商店优化运营。京东的未来是逐步对外开放大数据分析能力和云服务，让人工智能和大数据惠及产业链的上下游伙伴。

除了较为普遍的互联网金融和精准营销两种方式之外，大数据在商业领域的应用还存在多种方式，如大数据交易、咨询研究等多种方式。在大数据领域，对商用入口的探索没有止境，中国企业处于刚刚起步的阶段。

如何打造你的黏性

互联网时代是一个充满个性、鼓励个性、发扬个性的时代。所以，大数据在应用中必须直面用户的个性需求。只有最大限度地满足用户需求才是企业的生存和成功之道。

红领集团是一家利用大数据生产定制西服的公司。自2003年以来，红领集团在大数据、互联网、物联网等技术支撑下，运用互联网思维，投入2.6亿元资金，经过十多年的努力与积累，形成了著名的"红领模式"。

我们知道定制西服往往就意味着手工，手工量体，手工打版，然后用廉价衣料手工制作毛坯，客人试穿后再次修改，如果效果不好，毛坯的制作和修改可能会再来一次，如是反复之后，至少三个月已经过去了。国外西服定制一般都需要三到六个月。如按照传统模式去生产，规模化定制西服根本是不可能的。而传统服装企业从设计稿到服装批量市场，也需要6个月的时间。

但是，红领完全颠覆了一般定制西服和传统服装企业的生产效率，它能做到每天生产 2000 套定制西服。

红领十年磨一剑，研发了直接从客户到生产端的 C2M 生产流程。当客户在红领定制平台上填写或选择自己的量体信息、特体信息和款式工艺信息等数据后，平台后台的智能系统就会根据客户提交的数据，自动化地对比 CAD 规格表、衣片等数据，输出客户的尺码、规格号、衣片、排料图、生产工艺指导书以及订单 BOM 等标准化信息，把个性化的信息变成标准化数据。

与此同时，网页面上会展示给客户一个 3D 模型，通过模型客户可以立体、细致地观察款式颜色、细节设计、布料材质等。

在这之后，智能生产管理软件把这套衣服在设计过程中的每一个制作点拆分出来，同时分配给每一位工人，比如，缝制袖子和衣领的工人可以分别接收到客户对袖子和衣领的不同设计要求和不同的工艺指导书。最终一件由多位工人分别完成各部分的服装在拼接缝制后，通过快递在 7 天之内寄到全球各地的客户手中。

红领用 10 多年时间积累了超过 200 万名顾客个性化定制的数据，包括板型、款式、工艺和设计数据，一个数据的变化会同时驱动 9666 个数据的同步变化。

依托红领的智能定制平台，全球的客户还可以在网上参与设计、提交个性化正装定制的需求。

从客户数据的录入到整件西服最后生产出来，大概要经过300多个工序，全程数据驱动，无须人工转换，全过程做到精准、高效、有序。

"红领模式"使得生产成本、设计成本、原材料库存大幅度降低，生产周期、产品储备周期大幅度缩短。

红领还帮助其他工厂进行改造。红领开发出一个叫SDE（源点论数据工程）的产品，有效地帮助传统企业进行柔性化和个性化定制的改造。

举个例子，红领曾经帮助一家德国西服企业进行改造，一年之内该企业就成为德国同类企业中的第一名。尽管国际市场多次发生经济危机，但该企业的客户基本没有流失，用户黏性极强。

因此，"红领模式"吸引了雅戈尔、杉杉等国内一线西装企业，也包括海尔等大型制造企业参观学习。

红领集团在服装行业整体下行的大环境中逆流而上，这是敢于和善于运用大数据技术的成功典范。

在中国互联网行业竞争极其激烈的大背景下，在BAT三家巨头几乎垄断一切的格局之下，今日头条的成功也是一个敢于和善于运用大数据技术的成功典型。

今日头条是一家完全没有背景的互联网企业。2016年，今日头条估值百亿，成为仅次于腾讯新闻的第二大资讯客户端，大有赶超腾讯新闻的潜力。

截至2015年12月，新闻资讯App用户覆盖率前两名为腾讯新闻、今日头条，分别为 15.4%、11.6%。而在移动新闻资讯使用率方面，腾讯新闻却落后于今日头条。

今日头条的杀手锏就是运用大数据技术为用户个性化推送新闻资讯，其精准性数一数二。今日头条有很强大的数学模型，可以根据用户的习惯推送关联度高的新闻资讯，推荐的新闻资讯往往都是用户所想要的。

腾讯高管说，今日头条走了完全不同的一条路，全是云端的，根据用户的阅读喜好，推送个性化的资讯内容，具有很强的颠覆性。

今日头条现在有3亿的积累用户，日活用户超过3000万。用户每天在今日头条上留下大量数据。

今日头条会根据用户特征、场景和文章三个特征做个性化推荐。

用户特征可以指用户的兴趣、职业、年龄、短期的点击行为，等等。

场景可以指时间性的，比如，早上、周末等；或者指网络环境，当用户在连接无线网的情况下，今日头条就会推送视频。像地理环境、天气情况等都属于场景特征。

另外，就是文章自身的特征，它有哪些主题词，或者它的热度，是不是很多家媒体都转载了，也包括文章的时效性和与之相似的文章。

通过各种标签匹配后，今日头条会向每位读者推荐他们喜欢的文章。

如今，今日头条的自媒体平台已经是国内互联网第二大的自媒体平台，其发展速度甚至快于微信公众平台。

今日头条的自媒体和微信的自媒体是不一样的。比如，当我们注册了微信的自媒体，写了文章后，很可能长时间没什么人看，推广公共号是一个难题。我们的微信公共平台将在很长的一段时间内不会得到较大的阅读量和粉丝量，更不要说利用微信公共平台盈利了。但今日头条的自媒体是不一样的，它不需要用户主动去推广，今日头条会将我们的文章自动匹配到相应的读者，当点击量多了，还可以与今日头条分享收益。这是今日头条能够源源不断地产生优质内容的保证，甚至比微信公共平台更具用户黏性。

从红领公司和今日头条的案例中，我们可以看到大数据对个性定制的强大影响。大数据可以帮助企业增强用户黏性，而这正是企业增强核心竞争力的体现。红领公司运用大数据成功地转型升级，受世人瞩目。今日头条拥有的强大的大数据能力使它能在新闻资讯领域与腾讯分庭抗礼，并大有颠覆腾讯的可能性。从这两个案例中，我们可以看到大数据的无限可能。

第六章
"互联网+"的新商业革命(跨界)

O2O之初

互联网金融,支付是发展的源头

当小米和格力的赌局没有结局时,一切才刚刚开始

电影业的春天

O2O 之初

O2O 即 Online To Offline（在线离线/线上到线下），指将线下的商务机会与互联网结合，让互联网成为线下交易的平台。

早期的时候，也就是在 2010 年，线上线下初步对接，主要是利用线上推广把相关的用户集中起来，然后把线上的流量导到线下。

这个时候的市场是千军万马过独木桥，大量的资本和大批企业涌入团购领域。竞争情势从"百团大战"发展到"千团大战"，一发不可收拾。初期的一哄而上也令众多团购企业遭受挫折。

比如，国外团购巨头 Groupon 在中国战场遭遇水土不服，很快出现大规模裁员的情况。而中国的团购巨头窝窝网启动 IPO 遭多家投行拒绝。中国的另一团购巨头拉手网启动 IPO 后又迅速夭折。除此之外，更多的公司则是直接关门倒闭。一系列的突发情况让 O2O 模式变得神秘莫测。

其实，在这个阶段，与其说团购网站是电子商务，倒不如说它只是一种广告平台。网站商家的思维还是和传统商家的思维一样，想通过网站进行商品促销和甩卖。

在这一阶段，团购网站除了不断向用户的电子邮箱发送垃圾邮件以外，并没有什么有效的手段。

除此之外，团购网站普遍依靠高额的广告投入带动自己的访问量，显然，这种模式很难持久。

所以，群雄逐鹿后就只剩下美团网一枝独秀。美团网之所以能够成为最后的赢家，那是因为美团网比其他团购网站更加重视本地服务。

这一阶段的团购混战的最大意义就是让人们认识到 O2O 模式是可以盈利的，尽管当时人们对 O2O 模式的理解还比较肤浅。

在这个过程中，团购网站存在着单向性、用户黏性较低等问题。平台和用户的互动较少，基本上以交易的完成为终结点，用户的购买和消费频率等也相对较低。

2013 年，人们对 O2O 的理解更加深入。在这个阶段，O2O 最主要的特色就是升级为了服务性电商模式：包括商品（服务）、下单、支付等流程，把之前简单的电商模块，转移到更加高频和生活化场景中来。

由于传统的服务行业一直处在一个低效且劳动力消化不足的状态，在新模式的推动下，出现了 O2O 的狂欢热潮，于是上门按摩、上门送餐、上门生鲜快递、上门化妆、滴滴打车等各种 O2O 模式开始出现，层出不穷。

在这个阶段，因为移动终端、微信支付等环节的成熟，O2O 用户出现了井喷，使用频率和忠诚度开始上升。但美中不足的是，一些企业通过大量补贴造就的火爆景象，也使 O2O 市场出现虚假的泡沫。2016 年上半年，中国最大的 O2O 洗车企业——博湃洗车——正式宣布倒闭。

其中，滴滴打车的成长壮大值得一提。众所周知，中国人的出行环境一直不好，尤其是生活在大城市里的人，经常面临打车难的问题。另一方面，由于传统出租车的垄断地位，也导致传统出租车司机对于服务质量一直不够重视，这一点加重了人们对传统出租车的不满。两方面的原因促使滴滴打车等打车软件应运而生。

滴滴出行，是中国的一款打车平台，它被称为"打车神器"，是一款受用户喜爱的打车应用。用户通过滴滴打车，一方面可以享受更优质的出行服务，比如，更高级的车、态度更好的司机；另一方面，通过滴滴打车，用户可以享受一定程度的优惠，这是属于用户的福利。对于广大的私家车司机来说，也可以在下班时间得到一份额外的兼职收入。

目前，滴滴已从出租车打车软件，成长为涵盖出租车、专车、快车、顺风车、代驾及大巴等多项业务在内的一站式出行平台。

与滴滴类似的，并且体量相似的公司还有一家，叫快的打车。2015年2月14日，滴滴打车与快的打车进行战略合并。2015年9月9日，滴滴打车对媒体宣布，公司名称正式变更为"滴滴出行"。

2016年1月11日，滴滴公布了2015年的订单数。在2015年里，滴滴出行全平台订单总量达到14.3亿，这一数字相当于美国2015年所有出租车订单量的近两倍，更是超越了已成立6年的、滴滴最大的对手优步，截至去年圣诞节，优步的累计订单数为10亿。

2016年1月26日，招商银行、滴滴出行联合宣布双方达成战略合作，未来双方将在资本、支付结算、金融、服务和市场营销等方面展开全方位合作。这是第一次也是第一家商业银行通过与移动互联网公司合作进入移动支付领域。

2016年6月16日，滴滴出行宣布，已完成新一轮45亿美元的股权融资，包括2016年5月苹果10亿美元的投资（这是苹果公司首次向中国互联网公司投资，也是迄今为止滴滴获得的最大单笔投资），新的投资方还包括中国人寿（3亿美元）、蚂蚁金服、腾讯、阿里巴巴及软银等。

滴滴和招商银行的战略合作以及滴滴的新一轮融资说明滴滴的发展前

景十分光明。

从目前看，我国的移动智能出行渗透率仅为 1%，还有巨大的市场空间，滴滴的未来是可以期待的。按滴滴目前的体量和实力来看，滴滴和优步在中国市场的竞争中完全有可能像淘宝打败易贝一样取得胜利，从而成长为中国的又一家国际级企业。

除了美团、滴滴等互联网企业的 O2O 模式，传统企业也进行 O2O 模式转型，其中的代表就是苏宁。

从 2013 年 6 月 8 日起，苏宁宣布全国所有线下的苏宁门店以及子品牌乐购仕门店销售的所有商品将与苏宁网购平台——苏宁易购——实现同品同价。

苏宁认为在移动互联网时代，实体零售店已不可能孤立发展，所以，作为传统零售巨头的苏宁主动进行自我改革以适应新的时代形势。

苏宁的做法主要分为三步：

首先，将苏宁易购从独立的电子商务公司和网购渠道升级为苏宁网购平台。苏宁易购将原有的商品采购、定价、供应职能，划归到 28 个商品事业部。苏宁易购既面对内部的 28 个事业部，也面对社会的供应商，提供引流服务和平台运营。这 28 个商品事业部，同时面对线上线下两个平台，统一采购供应、统一销售定价。

其次，在商品资源共享的基础上，苏宁易购的线上线下在客户资源、物流资源、服务资源、数据资源等方面实现同步共享，确保内部资源在两大平台全面向供应商和消费者开放，实现内部资源使用效率的最大化，实现 O2O 融合模式的规模叠加效应。

最后，融合后的苏宁店面和苏宁易购，不是作为两个割裂的成本效益中心独立考核，而是从事业部商品和属地化顾客两个完全融合协同的维度，分别核算产品和地区的销售、成本和效益，建立起多渠道融合的全成本核算机制。

从目前来看，苏宁的转型十分成功，成绩斐然。

据苏宁云商 2015 年业绩快报显示，公司营业收入 1356.76 亿元，同比增长 24.56%；线上平台商品交易总规模 502.75 亿元，同比增长 94.93%。相比于 2015 年疲弱的宏观形势（全国百家重点大型零售企业零售额同比下降 0.1%），苏宁逆势增长。可以看到，苏宁的线上线下业务联动发展模式已经显现成效。苏宁也把 2015 年看作是自身互联网零售模式成型、定型之年。

到了 2015 年，O2O 模式更加多样，竞争也更加激烈。除了上文提到的餐饮类 O2O 和出行类 O2O，旅游类 O2O、教育类 O2O、美业类 O2O、生活服务类 O2O、生鲜 O2O 等新兴领域也成为传统企业和互联网企业角逐的战场。

在残酷的竞争中，大批的创业公司遭遇失败。不过，伴随着美团、滴滴等企业的成功效应，中国O2O市场必将更加成熟和理性，在更多领域，将会涌现出更多的O2O巨头，从而更大限度地改变中国商业的面貌。

互联网金融，支付是发展的源头

随着移动互联网、智能手机的普及，人们的生活方式发生了很大的变化，大家的碎片化时间越来越多，也意味着移动支付越来越成为人们生活中不可分割的一部分。

在 O2O 领域，支付是基础和关键，几乎所有的 O2O 的细分领域都需要支付的环节，如果企业在支付环节上面占据优势，便已经比别人领先。

互联网金融凭借着高效率、低成本以及更好的客户体验，对传统金融领域进行了最为猛烈的冲击。如今，互联网金融的市场前景十分乐观。

从 2010 年开始，越来越多的中国互联网企业开始涉足金融服务，对传统商业银行进行了全方位的渗透。

它们基本遵循着这样的轨迹：

第一，凭借电子商务平台引进互联网支付工具，从而进入银行传统的支付领域。

第二，在积累大量客户、交易数据和资金后，进军融资领域，并使得平台转变成为一个专业的融资平台。

第三，在支付与融资的基础之上，向企业和个人提供金融产品。

第四，平台最终成为综合的金融平台，实质成为一个互联网运营的商业银行。

马云的蚂蚁金融服务集团是其中当之无愧的佼佼者。

2004年，马云率先推出第三方网络支付工具——支付宝。借助电子商务平台，支付宝成功地解决了网络买卖双方的信任问题。通过不断创新和推出其他金融产品，不断满足客户的金融需求，支付宝打开了一片全新的市场，这是传统商业银行没有做到的。

在积累了大量的客户和交易数据后，马云在2010年推出了阿里小贷平台，成功进入被传统银行一直垄断的融资领域。

2013年，阿里小贷已经积累70万客户，发放贷款1800余亿元，不良率不足1%。而贷款年利率通常在15%以上，远超商业银行的7%—8%的利率水平。

随着支付宝和阿里小贷的巨大成功，阿里巴巴的电商平台也扶摇直上，并累计了大量黏度极高的客户群、庞大的交易数据以及沉淀的交易资金。

2013年，马云又推出余额宝，从而开启网络理财的新时代。余额宝诞生当年的交易规模就突破了4000亿元，并拥有超过8300万的客户，一跃成为全球第三大货币市场基金。一时间，媒体开始铺天盖地地报道。

闹哄哄的讨论和争议过后，人们终于发现余额宝只不过是一个在互联网上进行销售的货币市场基金。在支付宝平台上沉淀了大量结算基金，出于监管的需要，马云为了避免支付大量的存款准备金，需要给这些资金寻找出路。于是，马云联手天弘基金，将这些资金以货币市场基金的方式来做投资。

货币市场基金在市场上已经存在了20多年。余额宝之所以能够引起那么多的争议，最根本的原因是余额宝太火爆了，突然间就把银行的活期存款用户给抢走了。

事实上，互联网金融在中国的成长速度、规模以及延伸出来的形态已经远超美国。各种互联网金融模式以前所未有的效率和速度冲击着中国传统银行的传统业务。

根据腾讯2013年的报道，互联网金融在中国的规模已达到10万亿元，第三方支付规模9万亿元，P2P网贷规模600亿元。短短一年内，互联网金融已经成为中国金融领域无法忽略的力量。

2016年4月26日，蚂蚁金服正式对外宣布，公司已于日前完成B轮融资，融资额为45亿美元（约292亿元人民币）。这也是全球互联网行业迄今为止最大的单笔私募融资，意味着互联网金融的中国模式已经领先全球。

此轮融资完成后，蚂蚁金服的估值已经达到600亿美元（约3895亿元人民币），这一估值大有超过百度的可能。

阿里巴巴的蚂蚁金服旗下有支付宝、余额宝、招财宝、蚂蚁聚宝、网商银行、蚂蚁花呗、芝麻信用、蚂蚁金融云、蚂蚁达客等业务板块，俨然成为一个金融帝国。

阿里巴巴能够建立这样的互联网金融帝国，支付宝是一切的源头。

早在20世纪80年代，比尔·盖茨说了一句震惊世界的话："如果传统银行不改变，就会成为21世纪一群将要灭亡的恐龙。"和比尔·盖茨一样，在中国，马云也说了一句震惊中国银行家的话："如果银行不改变，我们就改变银行。"

1998年12月，美国的第三方网络支付工具PayPal创立。2002年2月，PayPal成功上市，并被当时全球最大的电子商务平台易贝以15亿美元收购。PayPal以提供便捷的安全的网络支付服务为基础，通过产品创新、并购以及合作等手段奠定其在网络支付领域的领导地位，目前是全球最大的在线支付公司之一。

截至 2012 年年底，PayPal 的业务遍布全球 190 个国家和地区，用户超过了 1.28 亿人。马云的支付宝无疑借鉴了 PayPal 的模式。

如今，互联网金融主要发展出三种模式，即以余额宝为代表的各种互联网理财产品，以及带有小额贷款性质的 P2P 和众筹。

无论是互联网理财产品，还是 P2P，抑或是众筹，都掀起了巨大的波澜，人们的投资热情十分高，资本纷纷涌入的结果是一批人赚得盆满钵满，一批人亏得倾家荡产。

先说互联网理财产品，余额宝等产品的出现给民众带来了投资理财的新途径，由于余额宝背靠支付宝，支付宝拥有各类信用卡还款、缴纳水电费、网上转账等许多便民功能，在支付宝广受欢迎的情况下，余额宝盘活了民众日常生活中的闲余资金。

余额宝取得成功后，市场上就出现了以"宝"字命名的各种模仿产品。

再说 P2P，P2P 网贷的发展从初期的火爆到如今的争议丛生，经历了一个过山车的过程。但是，这并不意味 P2P 网贷只是骗局或者说完全不可靠。

举一个例子，2014 年 9 月 22 日，由中新力合股份有限公司承销的宁波市鄞州丰茂水利工程有限公司 2014 年私募债券在支付宝旗下的招财宝成功开售。首期产品募集金额是 1000 万元，取得了 2 小时 22 分钟售罄的成绩。

这一模式在全国尚属首例。相比于通过传统银行和券商融资，互联网金融业务具有低成本和高效率的优势。

P2P 网贷始终要解决的两个问题是：谁来卖（渠道问题）和卖的是好货还是劣质货（产品问题）？这一案例充分解决了这两个问题，招财宝是渠道，产品是中新力合为宁波市鄞州丰茂水利工程有限公司所发行的私募债券，以及配套的担保公司或银行所提供的风险控制与信用担保。只有拥有优质的渠道和产品，P2P 网贷才能真正成为中国金融领域当之无愧的新生力量。

最后，要说到众筹，众筹即发起人将需要筹集资金的项目通过众筹平台进行公开展示，感兴趣的投资者可以对这些项目提供资金支持。

国内的众筹主要采取产品预售模式。例如，一个名为"黑胶唱机"的项目，在 20 天内筹集到上百万的资金，这一种比较常见。

2015 的国产高票房电影《大圣归来》也是众筹的产物，它是股权众筹的成功案例。《大圣归来》的众筹项目共筹集了 780 万元，有 89 名投资人参与，电影最终获得将近 10 亿元的票房，这 89 名投资人的投资回报率超过 400%。

还有一种叫作会籍式的众筹，就是由不超过 200 人的股东每人出一份钱，凑在一起开一个咖啡厅或者会所，目前比较出名的就是北京大学 1898 咖啡厅。

截至 2015 年 12 月底，全国共有 354 家众筹平台，目前正常运营的众筹平台达 303 家。因此，2015 年被称为众筹元年。

互联网金融对于传统金融行业已经产生了不可逆转的影响，在不久的将来，必将更大限度地取代传统金融行业的地位。

当小米和格力的赌局没有结局时，一切才刚刚开始

2013年12月，在"中国经济年度人物"颁奖典礼上，雷军与格力集团董事长董明珠就商业模式对赌10亿元。对赌内容是，五年之内，如果小米的营业额超过格力，董明珠输给雷军10亿元，反之亦然。

雷军2014年10月10日才对"对赌"首次做出回应，称五年内小米超过格力的可能性是99.99%，是历史发展的必然。他认为格力是工业时代制造业的骄傲，而小米却插上了互联网的翅膀。

这不是一个简单的对赌，它实际上是在比较传统模式和互联网模式到底哪个更好。

格力是一家特征明显的公司：

第一，格力以空调为主要产品，虽然格力也有电风扇、暖气机、电饭煲、饮水机、电磁炉等产品，但这些都是非主要的。

第二，格力的渠道模式采用的是"股份制销售公司模式"或者格力专卖店。前者是由销售合伙人与格力共同出资成立，后者由经销商自投成立，要求是必须专卖。因为市场一般走的是代理模式，所以格力的渠道模式是比较特别的。

从产品生产上，小米和格力是一样的，它们都采取单品突破的模式。通过把单品做到极致，从而树立品牌的影响力。无论是格力还是小米，在各自的拳头产品上的投入都非常大。但是由于经营模式的不同，小米侧重于用户体验的发掘，而格力侧重于产品技术的开发。在互联网时代，小米的模式的确见效快，但格力的模式是品质的保证，也是不可缺少的。

在销售上，小米采取的直销模式，中间没有代理商，这是互联网企业的惯例。格力的销售模式区别于一般的代理商模式，企业对代理商的可控性更强。互联网思维意味着零距离，小米显然做到了这一点，这使得小米更能了解用户需求，并起到增强口碑的效果。而格力在这一点上显然比不上小米，但格力改进了传统的代理商模式，提高了格力上、中、下层级的沟通效率。

从生产和销售的分析来看，格力和小米的优劣并不明显。一家代表性的互联网企业和一家代表性的传统企业的差距并不那么明显。

雷军说过，猪在风口就能被吹起来。这个风口就是互联网和移动互联网，结果小米真的飞了起来，相比于传统手机企业的成长速度，小米的成长速度堪称飞速。这样看来，格力没有在风口上。

小米的核心是手机，虽然小米的产业链拉得很长，几乎什么都做，比如，电饭煲、自行车、路由器、插线板，等等，小米都会去插一脚，但小米的核心还是手机。

手机有一个优点，那就是手机可以作为家用数字设备的中心。我们的各种家电，比如电视剧、空调、电饭煲都可以用手机来操控。

格力的核心是空调。长期以来，中国的空调行业快速发展，人们对空调的巨大需求为格力长期专注空调研发提供了可能，但不管怎样，空调都不太可能成为家庭数字设备的中心。在这一点上，小米手机占据完全的优势。所以，小米手机的增值空间比格力空调的增值空间要大得多。

但是，格力也有王牌，那就 B2B 市场。格力可以面向其他的企业、政府等组织更大的市场，例如中央空调的智能化，通过这一入口，进入智能楼宇的市场。

在家庭这样一个小环境中，手机可以成为智能控制中心。但对于大规模的楼宇来说，手机作为控制中心显然不太可能。

那么，小米的互联网模式和格力的传统模式谁更强呢？从舆论上看，我们知道互联网模式这几个字长期以来占据了各大报纸头条、网站平台，大有一举消灭传统模式的声势。但从这些基本的分析看，这两家企业的差距并不明显。

按对赌的约定，这一对赌要在 2018 年才有结果。不过，这个赌约在 2015 年就被取消了。

2014 年 10 月 14 日，格力集团董事长董明珠回应与雷军"对赌"一事，她认为，小米与格力不在一个平台上，两者之间的可比性不多，自己与雷军打赌是在"中国经济年度人物"颁奖典礼时毫无准备的情况下做的。另外，董明珠认为格力并非像雷军说的属于"传统产业"，同样，小米是一家做手机的公司，不能代表"互联网"。

董明珠一语道破天机。事实上，传统企业和互联网企业更多是在融合，而不是相互孤立，从小米和美的的合作就可以看到这一点。

正值雷军与董明珠对赌火热之际，小米与美的集团合作，小米 12.66 亿元战略入股美的，并可提名一位核心高管为美的集团董事。双方将在智能家居、移动互联网领域进行多种模式合作，在智能系统平台、电商、物流和战略投资等领域进行对接。

2015 年 2 月 9 日，董明珠说："如果查一下小米的变化，雷军已经撤销了这个赌约。因为当时赌的是产品，而据说小米现在已经进入房地产行业，我觉得，搞房地产就不符合跟我约赌的条件了。"格力董明珠与小米雷军的10亿元对赌就此不了了之。

当然，这不是我们关注的焦点。关键是这一对赌事件向我们抛出了一个亟须研究的问题：传统模式和互联网模式到底哪个更好？

从目前看，互联网模式很难说完全战胜了传统模式，就像董明珠预设的时间点是2018年，也就是说还需要几年才能见分晓。所以，小米和格力的模式竞争才刚刚开始。

现在雷军和董明珠的赌约已经失效了，但不妨碍我们关注它们的发展。小米和格力之争永远会存在，即使不发生在小米和格力身上，也会发生在其他企业身上，因为这是两种商业模式必然会产生的碰撞。

据格力电器年报显示，2015年格力电器营业收入977.45亿元，相较2014年下降29.04%；净利润125.32亿元，较2014年下降11.46%。

董明珠对此解释说，影响2015年营收的主要因素是格力自行下调空调价格，让利幅度在160亿元至180亿元之间，是人为进行调整。

除此之外，消费市场下行等因素也对格力营收造成影响。但面对这一情况，董明珠并不悲观。

她还指出，格力的市场份额达到有史以来的最高点，接近50%，净利润率也由 6% 升至 12.55%。

再看小米。小米 2015 年手机出货量 7000 万部，远远未达到雷军此前制定的 8000 万至 1 亿部的目标。虽然没有达到目标，但小米的盈利还是上升的，小米 2015 年度营收为 780 亿元。

从 2015 年的数据看，小米与格力的差距并不大，小米似乎能够在 2018 年的时候赶上格力，赢得赌局。

不过，到了 2016 年，小米的出货量还是下滑了，这一结果让业界感到惊讶。曾经排名世界销售量前 5 名的小米一季度的手机销量被 VIVO、OPPO 所超越，跌出了世界前 5 名。

为什么会出现这样的情况呢？从出货量排名的格局来看，三星、苹果、华为依然分食了全球 50% 以上的市场份额，销量十分稳定。所以有分析就说，中高端的手机更受用户青睐。

在人们眼中，小米其实是"屌丝"手机。从这个角度看，小米销量不稳定似乎是顺理成章的。不管怎样，小米的销量问题是小米所面临的难题。

有研究分析，智能手机整体进入了低增长甚至库存时代，这使小米的前景更加不容乐观。但是，雷军个人还是比较乐观的，他认为销量下滑只不过是正常的商业现象，无须惊讶。

那么，我们再看看格力。从格力 2015 年的数据看，格力的处境也不好。

在宏观经济仍处转型期的今天，在房地产交易总量下降的影响下，空调行业的整体下行并不会在短期内有所扭转。过度依赖空调的格力进行多元化转型迫在眉睫。

格力的多元化转型并不乐观。2016年，董明珠高调宣传格力力主的"中国造"概念，提出通过智能制造解决产能过剩、低产低质的行业问题。但是，格力的智能家居的物联网理念仍在酝酿之中。格力手机"一亿出货量"的豪言被网友轻蔑地对待。

尽管处境堪忧，但董明珠和雷军一样也非常自信。

从小米和格力的现状可以发现它们的发展前景并不明朗。而事实上，无论是互联网企业还是传统企业的发展现状都步入了瓶颈期。有不少权威人士对互联网发展前景都表达了类似的观点。而传统企业更不必说，其转型和升级的问题一直存在。

所以，当小米和格力的赌局没有结局的时候，一切才刚刚开始。未来互联网模式和传统模式的输赢似乎并不清晰。

电影业的春天

从 2013 年开始，各路资本介入电影产业。这一年，中国电影界发生了 10 起收购案，累计超过 220 亿元人民币。这个数字超过 2013 年电影总票房的规模。

2014 年 3 月，阿里巴巴收购文化中国 60％的股权。2014 年 2 月，百度投资一家洛杉矶电影制作公司。2014 年 9 月，腾讯影业成立。

三大互联网公司 BAT 强势进军电影界，通过投资、并购传统电影产业重构了中国影视产业格局。因此，2014 年也被称为中国电影产业的"网生代"元年。

为什么会出现这样的现象呢？腾讯的一位高管分析说："中国电影市

场将成为全球最大的市场。我们的电影院、屏幕数、观影人次都在快速增加。中国有 13 亿人口，有近 10 亿部智能手机、5 亿台平板电脑，还有 5 亿幅家庭电视屏幕，这些将来都是我们电影产业持续发展的基础。"

总的来说，这些互联网巨头将为电影行业带来雄厚的发展资金，为融资、营销、发行和后期制作提供配套服务。所谓的互联网思维也将深度影响传统电影的制作、发行、放映以及相关产品的开发机制。

电影业是资本密集型的产业，生产电影的风险很高。一般来说，项目的成功率不超过 30%。大多成功的好莱坞制片公司每制作 10 部电影往往只有 2 部能盈利。不管怎样，大量资本的涌入对电影行业来说是一次机遇。

从另一方面来说，传统的影视公司在互联网时代的大背景下，也无法独善其身，它们也在积极地寻找互联网发展道路。对它们来说，金融资本和互联网渠道是关键的资源。它们可以通过开发 IP，延伸游戏、文学等其他文娱产业，打造粉丝经济，也可以拓展在线播放渠道，或者和在线售票平台合作，探索在线发行模式等。

互联网企业和传统影视公司的这种你情我愿、相互吸引的情形，也预示着电影业春天的来临。

那么，互联网企业对电影业产生了怎样具体的有益的改变呢？

第一，网络购票方便、价廉。网络购电影票所占的份额从 2012 年的

10% 逐年递增，2015 年已达 50%。

网络购票有两个优点，一个价格优势，一个是方便快捷。方便快捷自不必说，通过线上支付、线下取票，极大地方便了观影人群。还有就是价格优势，目前，影片与购票网站合作的主要模式是活动影票、低价票和秒杀票。票价往往低至 19.9 元甚至 9.9 元。和最低限价之间的票额差价由互联网公司补给影院。

低票价一定程度上吸引了更多人观影。2014 年中国电影票房接近 300 亿元，但影院上座率只有大约 15%。解决这一问题的方法之一就是降低票价。

当然，降低票价只是权宜之计。通过数据的积累，运用大数据技术，互联网公司可以挖掘潜在用户，捕捉、刺激模糊需求，让更多的用户走进影院。

与此同时，也有人担心，购票网站相互竞争，大打价格战，干扰了上游定价和院线排片；也有人认为互联网公司大量贴补电影票的目的是为了掠夺传统电影业的数据和流量，如果互联网公司对院线发生大量延期拖付，那后果将不堪设想。

不过，总的来说，网络购票是未来的趋势。

第二，网络营销成为电影业的主流。海报、预告片和电视广告是传统的电影营销方式。随着互联网时代的到来，电影营销必然要选择互联网作为营销阵地。

首先，是微博营销。影片方可以通过电影官方账号、导演、演员等相关人的账号发布电影花絮、海报、宣传片等，吸引粉丝关注，进行话题炒作。

赵薇的《致青春》7.2亿元票房的背后，是近20个微博大V账号的宣传。比如，主创赵薇、韩庚、佟丽娅、赵又廷、韩红等人，这20个大V拥有近4亿粉丝，即便每20个人中只有1人走进影院，最终的观影人群也有2000万。这样的营销方式既节约营销成本又能够达到效果，已经变得非常普遍。

其次，可以通过视频营销。视频营销的内容可以是网剧以及在线视频访谈等。

例如，徐峥的电影《催眠大师》在上映前先后推出"催眠档案"和"徐铮催眠术"等视频。视频不仅仅向观众"科普"了"催眠"这一神秘现象，同时也令观众看到了被巧妙拼接在视频中的影片。视频中，徐铮主演的"国际知名催眠导师徐瑞宁"这一角色与诸位世界级催眠大师进行较量，引发了观众强烈的好奇心，吸引观众走进电影院观影。

除了以上的方式，用主题曲营销也是一种有效的方式。一首与电影主题呼应的好歌不仅会在电影上映时辅助影片传达情绪、打动观众，也会促进电影的推广，继而推动票房。

例如，2014年《老男孩之猛龙过江》上映前期，因为影片主演筷子兄弟的名气并不是很大，很难上娱乐版头条，影片发行方就把营销重点放在主题曲的推广上，于是就有了歌曲《小苹果》的广泛流传。

《小苹果》在网络上线后，开始了"病毒式传播"，成为2014年中国歌坛最有影响力的歌曲。《小苹果》的深入人心最终使这部投资仅3000余万元的小成本电影在全国各大影院过关斩将，上映4天票房即过亿。

除此之外，还有很多其他的营销方式和营销平台。目前电影营销的互联网路径大概有社交网络、门户网站、视频网站、购票平台、电商、音乐播放平台、社区网站（如豆瓣、知乎）、微信自媒体、头条号等。不同风格、不同演员参与的电影，可以选择不同的营销方式和营销平台。

第三，网络为电影提供了创作素材。电影市场的大发展使每一家电影公司都对电影项目十分渴求。而网络小说、网络剧等网络素材业已成为众多影视公司追捧的对象。由网络小说、网络剧等被观众热捧的IP改编成电影的成功案例也特别多。这些网络IP通常在网络上积累了大量的粉丝，具有极大的关注度，改编成电影后的成功率较高。

第四，网络为电影提供多种电影放映平台。在网络上播放电影一直是互联网公司探索的方向。多家视频公司已开始网络院线的尝试，通过会员制或单片购买的形式，拓宽电影发行及盈利渠道。

比如，由百度控股的爱奇艺进行了多年的网络影院建设。每月只需要不到20块钱的会员费，会员就可以从六七千部中外影片中挑选自己喜欢的影片观看。而且，爱奇艺能够做到30%—40%的国产大片下了院线第一时间在网络平台播放，这使得付费播放量极高。在过去，国产新片从院线下来再到网络平台播放，通常要间隔一个月左右。

这些网络院线通过网络点击付费，与电影片方分成，也为大量无缘与观众见面的小成本、小众影片进入公众视野提供了可能，同时满足了网站院线、制作方和观众等三方的利益需求。

除此之外，乐视影业还提出数字屏幕、手机屏、PAD屏、PC屏和乐视超级电视的家庭点播"五屏联动"影视内容服务规划。可以想象，未来的观影方式将更加多样。

第五，网络为电影行业提供新的融资形式。比如，《大圣归来》《大鱼海棠》等影片就是通过众筹方式拍摄的。

阿里巴巴的"娱乐宝"就是一个众筹平台。网民出资100元即可投资热门影视作品、网络游戏等与文化产业相关的项目，并享有剧组探班、参加明星见面会等娱乐方面的权益。

"娱乐宝"的首期项目就有电影《小时代4》《狼图腾》等热门影片。

数十万人通过众筹参与到影视娱乐投资中。众筹模式既满足了制作方的融资需求，又满足了观众的参与感。

第七章
"互联网+"风口与创造刚需

极致

小而美

"互联网+"时代永远相信专注

互联网思维的陷阱

极致

360总裁周鸿祎曾经说过这样一段话："我打开一瓶矿泉水，喝完之后，它确实是矿泉水，这叫体验吗？这不叫体验。员工只有把东西做到极致，超出预期，才叫体验。我开个玩笑：比如有人递过来一个矿泉水瓶子，我一喝里面全是50度的茅台——这个就超出我的预期嘛。"

什么叫极致，极致是一种超越用户预期的体验，是让用户体会到不可思议的惊喜。

有一家蛋糕店就叫作"极致蛋糕店"，从名字上就可以看出这家店对极致理念的追求。

这家店在2013年10月开业，整个上海的烘焙市场为100亿元，而极致蛋糕用了半年时间就做到了上千万的营收。

这是一个互联网品牌，它的创始人吴滋峰在互联网行业摸爬滚打多年，因为发现烘焙业拥有良好的毛利率和重复购买率，就转行了。

吴滋峰自己说过，自己向乔布斯和雷军学习，把互联网中的爆款、粉丝经济、互动、极致产品等思维运用在自己的蛋糕产品中。

极致蛋糕店每年只卖12款"星座蛋糕"，12款蛋糕对应12个星座日期进行发售，过了这个日期就买不到。极致蛋糕店在每个星座月都只专心做好一款星座蛋糕，把每款蛋糕都做成供不应求的"爆款"。

雷军说过，小米手机不能有太多款，因为每一款手机要做到极致。吴滋峰的战略也是"以少胜多"。

为了追求极致与专业，吴滋峰用上万元的月薪聘请了一位星座师专门设计蛋糕，大家可能有所不知，星座师也要考证书。星座师的作用就是精确把握星座切换的时间，例如，白羊座切换到金牛座的标准时间是4月22日12点17分，那么整个极致蛋糕的网站平台就按这个标准时间切换风格和产品，做到不早也不晚。

吴滋峰还聘请了香港上市公司克里斯汀蛋糕的高级烘焙师担任公司副总裁，后者是中国十大烘焙名师之一。

吴滋峰在产品上做到尽善尽美，在用户体验上也做到了极致。

极致蛋糕的包装高端大气，向意大利品牌普拉达的包装标准看齐，后者是鞋包奢侈品牌。

极致蛋糕店还送不锈钢刀叉，免运费，并保证市内2小时送达。

更重要的是，极致蛋糕的价格足以令人尖叫。蛋糕的成本一般在10%—15%，是成本较低的传统行业之一。所以，烘焙行业毛利润很高。通过互联网媒介，吴滋峰可以更大限度地减少行业的利润厚度，让利于用户。所以，极致蛋糕的每个蛋糕售价只在50—100元之间。

极致蛋糕店擅长培养用户的参与感。吴滋峰会邀请蛋糕店的前50—100位消费者，适时地将自己制作蛋糕的理念灌输给他们，并将蛋糕的制作流程开放给他们观看，甚至无偿送蛋糕给他们吃。

通过这些线下的活动，极致蛋糕店满足了消费者对蛋糕制作的好奇心理；消费者还能够从这些体验中感到极致蛋糕店的真诚，并产生信任感；消费者还有权参加投票，选出自己最喜欢的蛋糕，他们的建议也会在蛋糕的改进中得到体现，消费者又会获得参与感和成就感。所以，他们会自然而然地转化为极致蛋糕的粉丝。通过粉丝的传播，极致蛋糕的影响力变大了。然后，吴滋峰再培养下一批粉丝。

通过在产品上做到极致，在管理上做到极致，以及在用户体验上做到极致，极致蛋糕获得了成功。

在音乐App中，有一款产品能够使众多文艺青年获得极致体验，那就是网易云音乐。

网易云音乐2013年4月23日正式上线，经过两年多时间得到了用户的认可，好评如潮，用户数过亿，屡次获得大奖，文艺青年们都以使用网易音乐云为时尚。

网易云音乐作为一个新生产品，闯入了以 QQ 音乐、酷狗音乐为主导的音乐播放器领域。网易云音乐已经在这些音乐播放器巨头中站稳脚跟，这源于网易总裁丁磊对产品的极致态度。

丁磊说过，2012 年春节，他在美国休假，想听一些高质量的音乐，发现所有的中文音乐应用都达不到自己的要求，于是他打算自己做一个。这样，网易云音乐诞生了。相比于其他音乐播放器，网易云音乐的音质非常高，以前想要听高品质音乐的话，必须购买收听，但网易云音乐是免费收听。除此之外，网易云音乐还有广受好评的社交功能、评论功能、"歌单推荐""个性化推荐"等。

据说网易云音乐播放界面的黑胶唱片的转速，是丁磊一个人在房间里对着黑胶唱片听了很多次，反复实验，最终才确定的。

相比于其他音乐 App，网易云音乐的用户黏性更高，50％的用户养成了边听歌边评论的习惯，平台上至今累计 2 亿条乐评。

在互联网中，有句话叫"网易出品，必属精品"。网易虽然没有像 BAT 那样受人瞩目，但网易每年的利润都保持一个很高的增长水平。网易能够获得这样的口碑和成绩，就源于它做产品的极致理念。

极致理念可以为企业带来实实在在的利润和大量的用户，还可以帮助企业养成用户的依赖性。

例如，腾讯推出了移动端游戏天天酷跑，这款游戏从推出至今备受用户青睐。为了培养用户的依赖性，腾讯花费大量的人力和物力，不断推出钻石、坐骑、人物等虚拟道具，目的就是不断为用户带去惊喜。用户不需要用钱去购买这些虚拟道具，可以通过玩游戏获得。

腾讯就是通过"步步为营"笼络了大批用户，让他们都成为粉丝。

说了这些例子，除此之外，我们也应该思考一下如何才能培养人的极致理念。这种极致理念实际上就是工匠精神的体现，在某种程度上，需要"从娃娃抓起"。

比如，乔布斯，他来自叙利亚移民家庭，他的亲生父母在大学期间相爱且未婚先孕。可惜乔布斯的外祖父因为乔布斯的父亲是一名移民美国的叙利亚人，坚决反对乔布斯的父母结婚。

1955年，乔布斯生母无奈之下只好自行到旧金山将乔布斯送予乔布斯的养父母领养，乔布斯在幼年的时候就遭遇了被亲生父母遗弃的不幸，但是他又特别幸运地遇上了将他视如己出的养父母。尽管乔布斯的养父母是加州的蓝领工人，但他们无论在生活上还是教育上总是尽力满足乔布斯的需求。

因此，乔布斯曾表示，在他的整个成长过程中，他的亲生父亲没有一丁点儿贡献，留给他的只有因遗弃导致的心理阴影。而养父在乔布斯的成长中完全取代了亲生父亲的角色，不但帮他抚平了内心深处的创伤，还为他的成功奠定了坚实的基础。

乔布斯在童年的时候就很专注地跟着养父学习手工活儿，不仅如此，他还发现养父在做手工活儿的时候特别注重细节，每一处都追求极致，哪怕是对于那些看不到的、几乎可以完全忽略的地方，养父都很认真地对待。

除此之外，每到周末养父就带着乔布斯去废品堆里寻找汽车上的旧零部件，有时候会把一些淘来的旧零部件经过精修卖掉赚钱，有时候会带着乔布斯一起改装二手汽车。也就是在这段时间里，乔布斯第一次接触到了电子设备，并为此深深着迷。

养父追求极致的精神深深影响了乔布斯，乔布斯后来创建苹果公司，就下决心要使自己设计的手机成为当代最有影响力的手机。

乔布斯的例子说明了一个企业家想要做出极致的产品，需要一种文化的熏陶，需要从小积累。在我们今天这个浮躁的社会里，一个习惯了做普通产品的企业家要想转型做极致的产品，难度不可谓不大。

小而美

在互联网时代，人们追求个性表达，人的个性化、碎片化需求愈来愈多。人们崇尚小团体、小圈子生活。基于这种变化，越来越多的企业不再将目标服务人群设定成全部消费者或者大部分消费者，而是设定为某一少数的有同样爱好和需求的人群。所以，"小而美"的企业和产品应运而生。

马云说："在上个世纪，企业规模更大就意味着更好，大企业有大工厂、大资本，所有东西都要大。而在本世纪，我则认为'因小而美'，因为现在比的不是你的机器有多快，或你的设备有多少，而是你改变自己以满足市场需求的速度够不够快。"

大疆无人机就是小而美的代表性企业。正是有了大疆无人机公司，才使得中国在无人机领域处于世界前列。大疆科技现在的市值已经超过100亿美元，是一个名副其实的超级独角兽。

在国内，大疆一家独大，占据着 70% 的市场份额。在北美市场，大疆无人机也占据着 50% 的市场份额。而在全球商用无人机市场中，大疆同样占据近 70% 的市场份额。所以，中国大疆是无人机里的领军企业。

大疆主要的卖点是什么？空拍相机。大疆创始人汪涛说："现在我们仍然要专注于做好空拍相机。"所以，大疆的定位非常明确、单一，就是主打做空拍相机。

无人机行业是一个具有较高技术门槛的产业，大疆无人机配备内置摄像头，可拍摄高清照片与视频。大疆的技术是全球领先的。

大疆生产的大部分无人机机型的零售价在 1000 美元左右，价格并不是很贵，最低的不到 3000 元人民币。

按照型号大小，无人机可分为大、中、小、微型。大型无人机大多为军用，中型无人机常常用于监控森林火灾，小型无人机则多用于航拍、警用、搜救等，微型无人机则用于反恐等。民用领域的无人机多为中小型无人机。大疆的产品主要是小型无人机。

我们稍微回顾一下大疆无人机的发展历史。

大疆起源于深圳的一个五六个人的研发小团队，在大疆无人机诞生前，无人机的受众范围还仅限于航模发烧友，他们有一个痛点，那就是需要自己购买零部件组装，而且价格不菲。

大疆瞄准了这个机会，抢占先机，推出了面向普通航模爱好者的无人机。

一款真正意义上经由高度技术集成、到手即飞的航拍飞行器由此诞生。

大疆创始人汪涛说，大疆的成功并不是因为站在风口上，而是懂得在适当的时候创造新的风口。在占据了消费级市场后，大疆开始将目光瞄准企业级服务。

大疆与互联网关系非常密切。除了大疆无人机的网络曝光率非常高以外，大疆主要采用"线上旗舰店＋线下分销"的销售体系，主要销售渠道为官网、天猫和京东等平台。同时，大疆正在尝试一种类似苹果公司的"线下零售店"的营销模式，以挖掘用户的消费欲望。

大疆无人机是全球领先的企业，并不是所有公司都可以模仿的。

我们再介绍一下8848手机。8848手机的服务人群非常明确，就是服务那些富豪、中产阶级。但8848手机的定位不是奢侈品，而是现在流行的"轻奢"。

8848认为目前市场上只有四部手机：极致性价比的小米，极致硬件的三星，极致用户体验的苹果，极致奢侈的威图。而在5000元的苹果和10万元的威图之间，还有一个很大的市场空间。8848要做的就是一个介于苹果和威图之间的实用奢华品牌。

上文提到大疆无人机的时候，我们没有对美的概念多做诠释。说到8848手机，我们可以提一下，例如，8848手机外壳的材料是从日本进口的鳄鱼皮，一张鳄鱼皮只能做5个手机外壳。

8848手机也有私人定制功能，可以满足用户特殊的需求，使用户享受VIP级的待遇。8848手机还可以为用户提供高品质生活方式的特权体验。

除此之外，8848手机的第一追求是安全，而不是科技或者其他，这也是8848与其他手机的区别之处，因为大部分富豪和中产阶级对于安全感的需求要大于其他需求。

再举两个罗辑思维推出的产品的例子，这两款产品也充分体现了小而美的商业模式，并证明这将会是个体创业的新方向。

《雪枫音乐会》是一份付费的电子杂志，服务对象是爱好古典音乐和愿意欣赏、学习古典音乐的人群。所以，这是一款非常小众的产品。

这份杂志的主办者是刘雪枫，他是中国最有影响力的音乐评论家。他的工作就是每天陪伴用户欣赏一首世界古典名曲，讲解一点古典音乐知识，一年260首，帮助用户打造高品质的生活体验以及学习到大量古典音乐知识。

刘雪枫在做古典音乐的普及工作，通过互联网思维的运用，他的确成功了。

《雪枫音乐会》在2016年6月初上线，在48小时内被订阅了2万份。目前中国最好的古典音乐杂志是《爱乐》，但它的发行量不到1万份。仅仅上线几天，《雪枫音乐会》已经成为中国最大的古典音乐杂志。

为什么会有这么大的需求呢？实际上，虽然古典音乐是小众需求，但是中国人口基数大。而且，人们对优质的内容是有硬性需求的。设想一下，有一个音乐领域的权威人士每天陪你欣赏、为你讲解一段经典的古典音乐，这样的体验恐怕只有少数人才能够享受到。

考虑到人们的生活节奏普遍较快,《雪枫音乐会》每天推送的内容不超过 15 分钟,适合用户在每天早上吃早餐的时候听。

有一个刚生完孩子的妈妈这样反馈说,因为家庭矛盾和生活压力,她得了产后抑郁症。一次偶然的机会,她订了《雪枫音乐会》这份电子杂志。她和家里人约定,大家一起欣赏 15 分钟音乐。她觉得在这 15 分钟里,家里充满幸福感。这就是《雪枫音乐会》的价值所在。

《李翔商业内参》也是逻辑思维推出的一款付费电子杂志,它的定位是商业知识服务类内容。李翔是一名财经记者,在财经圈非常有名。所以这款产品肯定有市场,尽管普通人并不知道李翔。

《李翔商业内参》的设计初心是把每位用户视为重要人物,《李翔商业内参》用的内参两个字,表达的就是尊敬的意思。

李翔也打"情怀"牌,选了 2016 年 6 月 5 日上线,因为这天是伟大的经济学家亚当·斯密和凯恩斯两个人的生日。杂志订阅量的确不错,当天的订阅数是 3 万份。马云也是这款产品的第一批订阅用户,并为这款产品准备了 60 秒钟的语音推荐。

《李翔商业内参》还有一些有趣的设计。考虑到用户在阅读某条内容后可能会传播出去,为了增强传播的有趣性,《李翔商业内参》会将每天发布的十条内容都设置一个标签,比如,这一条可"作为谈资",这一条可"显示有思想"，来引导用户的传播。这也是《李翔商业内参》吸引人的地方。

除此之外，《李翔商业内参》非常重视评论，内容生产者和消费者的互动性很强，这也是吸引人的地方。

从大疆无人机到 8848 手机，再到《雪枫音乐会》和《李翔商业内参》，小而美的公司和产品正在填补大工业时代后遗留的需求空间，并创造了新的经济增长点。

在大企业"垄断"一切的时代背景下，这是其他企业和创业者的方向。就像马云所说，在瞬息万变的互联网时代，小而美的公司更容易生存下去。

"互联网＋"时代永远相信专注

"互联网＋"时代，企业需要专注做一件产品。不是有一句名言叫"少即是多"吗？专注的目的就是为了打磨出最好的产品，为消费者提供最棒的产品。因为消费者需要的不再是普通品质的产品，而是真正优质的产品。

企业只有专注，才能真正做出具有企业核心竞争力的产品。如果一个企业在各个方面都去干一点，最后的结果可能就是什么都干不好。这个道理，其实大家都懂。任正非说："华为28年只对准一个城墙口冲锋，最终领先了世界。"华为辉煌的秘密就在于此，就是专注。

再举一个小例子，芝加哥街头有一家面包店叫维尼夹馅面包，他们在新鲜出炉的面包上涂抹了自制的罗勒酱，然后出售。和一些著名的小店一样，他们每天只做一定数量的面包，卖完后就关门，关门时间并不确定。

凡客是一家丢掉专注理念后又拾起专注理念的企业，它的这一过程充分地说明了一个事实，即在"互联网+"时代，企业要永远相信专注的力量。

2015年年初，凡客首席执行官陈年在文章里说："2011年，凡客最热闹时，公司里有13000多人，光总裁级的领导就有三四十位，凡客却陷入危机。现在，凡客只剩下不到300人，做衬衫的核心团队只有七个人，但业务运转得很顺畅。"

从陈年的话中，我们很清楚地看出，凡客因为盲目扩张而遭受了重大的挫折，现在凡客慢慢地从当年的失败阴影中走了出来。

那时候，凡客从13000多人到只剩下300人，办公室从东三环顶级办公楼搬到南五环外。最惨的时候，凡客有19亿的库存，还有十几亿负债。

面对这样的情况，陈年只能改革，但一直没有好的办法。

直到2013年8月，雷军参观凡客，他看到凡客已经变成一个百货商场，虽然什么产品都有，但没有哪种产品占据优势，他感到很失望。于是，陈年就问雷军该怎么做才能拯救凡客，雷军说："要专注。"

雷军又说："咱能不能先做好一件衬衫？"这让陈年陷入了思考。

凡客已经做了1000多万件衬衫，创造了十多亿的销售量。

做好一件衬衫似乎并不是一个难题。不过，事实上，我们会发现，要做到比别人都强，是很不容易的。

陈年知道凡客的主流消费者都是年轻人，这些年轻人通常乘坐地铁、公交上下班，衬衫很容易皱。陈年决定做免烫衬衫，这与凡客以前的原则是不一样的，因为免烫衬衫的做工非常复杂，周期也长，并不好做。

陈年专门去了一趟日本，拜访了做了 30 年衬衫的吉国武，向他请教怎么样才能做好衬衫。

吉国武的公司在 120 年的历史中只做一件事，那就是做衬衫。

这令陈年更加坚定。

凡客之前总是在"闭门造车"，但这次他们开始通过新媒体渠道直接和用户接触。陈年在微博上向用户提问，问题就是什么样的衬衫是一件好衬衫。

用户的回答让陈年感到惊喜，他因此知道了用户的需求，即用户希望买到的衬衫应该是亲肤透气、手感好、不能皱、要有型、易打理。

陈年根据用户的这些需求去做衬衫。比如，棉布是亲肤透气，凡客就用了新疆阿克苏的长绒棉制成的棉布，这种棉布还耐磨、抗撕拉，尽管成本高。

成衣免烫是全球免烫衬衫的最高工艺，全世界也就只有几家公司能做，陈年与之联系，并和他们合作。做了十几年衬衫的凡客的革新之路一点也不轻松。

凡客注意到了大量细节。比如，我们一般解衬衫扣子的时候，第一个扣子特别难解开，凡客就选用鹰爪扣，用单手解都没有问题。还比如，我们一般会对衬衫扣眼上的线头非常反感，凡客花了重金提高工艺，最后解决了这个问题。

除此之外，凡客简化了尺码的规格，凡客过去都是 36、37、38、42，现在顺应时代采用了 S、M、L、XL 的尺码标准。

有不少消费者说衬衫上的领标和尺码标磨脖子，于是，凡客就拿掉了领标和尺码标。

凡客在衬衫颜色上选了两个色，一个是白色，一个蓝色。白色是 150 度的白，是特白，蓝色是最接近万里无云的天空的颜色。这两种颜色都是简单、极致。

凡客做的这种免烫衬衫的性价比很高，价格是 129 元。凡客的出发点就是做高性价比的产品，给普通的用户提供高品质的东西。

凡客重新做了 Logo。凡客以前叫凡客诚品，现在取消了"诚品"两个字。陈年说："去掉'诚品'二字的原因是我们想把诚意融入凡客今后所卖的每一个产品中去，而不是体现在 Logo 上。"

这样的免烫衬衫一天就卖了几千件，好的时候甚至卖 2 万件。陈年说："中国最好的传统衬衫品牌一年的销量也不过一两百万件，按这个速度下去，凡客很可能成为中国最大的衬衫品牌。"可以说，免烫衬衫为凡客带来了新的生机。

2015 年 4 月 27 日，凡客 2015 春夏 T 恤新品发布的时候，陈年颇有感慨地说："做好一件衬衫、一件 T 恤，是凡客的本分，也是我在重新做人。"

互联网思维的陷阱

我们在本章中提到了三点,即极致、小而美、专注,这三点对于互联网企业来说十分实用。但是,企业家和创业者需要把握一个合适的尺度。一方面很多企业因为互联网思维取得了成功,但另一方面,也有大量的企业失败。

"互联网思维"是 2014 年最热的词。这个词背后的推手是雷军和他的小米,事实上,这个词早就存在了,但没有引起关注。当小米取得成功后,当雷军把小米的成功归结为互联网思维后,互联网思维火爆大江南北。

在前面的章节,我们对 O2O 的态度是正面的,在这一节,我们必须泼泼冷水了。

估值一度达 6 亿美元、国内规模最大的 O2O 汽车养护平台——博湃养车——不久前倒闭了。

2016 年 4 月 5 日凌晨,博湃养车在其微信公众号上发布了公告长文《认识这么久，第一次说再见》，正式宣布破产倒闭。

这家曾拥有上万人技师的公司，最终倒下了，象征着养车 O2O 模式的终结。

博湃养车破产的直接原因是 C 轮融资失败，最后资金链断裂。但是，博湃养车的失败还有其根本性的原因，即事实上人们对上门养车并没有需求。

"汽车之家"创始人李想评价 O2O 养车模式时说："上门洗车不靠谱，上门保养不靠谱，指望靠上门洗车项目去延伸高利润业务更不靠谱。汽车售后服务市场的获客效率和服务效率都很差，做起来会很痛苦。巨大的市场，糟糕的投资。"

不仅如此，在快速扩张中，博湃养车的技师的服务品质变得良莠不齐，口碑开始变差。

而这又涉及博湃养车的成本问题。以 1400 多名员工计算，每月单工资就需要 600 多万元。博湃还经常推出类似"1 元保养"的活动，以培养用户的消费习惯，但这是赔钱的，成本非常昂贵。

在"互联网+"时代，我们强调用户体验，我们同样强调要善于挖掘用户需求。但是用户需求有两种，一种是真需求，一种是伪需求。博湃养车就是被伪需求迷惑了，以至于盲目扩张、大把贴钱，最后失败了。

除了汽车养护这一领域之外，在教育领域里 O2O 的发展也经历了过山车的过程。

中国的教育培训行业处于高度分散的状态，即使是行业内两大上市公司新东方和好未来也只占据个位数的市场份额。到了移动互联网时代，这种状况被很多投资者注意到了。大量教育网络平台如雨后春笋一般发展起来，而现实情况是，大部分在线教育O2O产品很难活到B轮。

和其他O2O领域一样，教育O2O也是用高昂的补贴吸引线下优质教师资源入驻平台。

起初是有大量的教师入驻线上平台。但是当课时费补贴降低的时候，教师就基本不再去教育O2O平台了。同时，O2O平台缺乏生源，这造成的尴尬现象是老师比学生多。

教育O2O的交易特点是高价、低频，试错成本非常高。而且，人们的教育和受教育习惯是长年累月形成的，不管是老师还是学生，都更加习惯传统的线下的教学方式。

除此之外，在选择老师的过程中，尽管学生可以通过互联网看到教师的信息以及用户评论，但这种参考依据并没有多大的可借鉴性，人们还是更信赖口口相传的口碑。因此在现实生活中，我们还是会选择线下的教育培训机构。

最后的例子是生鲜O2O。据有关媒体报道，目前全国涉农电子商务平台已逾3万家，其中农产品电子商务已达到3000家，而几乎无一家盈利。大量生鲜O2O都被迫关门，只剩下几家有雄厚资金背景的公司在苦苦支撑。

为什么呢？

由于生鲜食品有保鲜期短、易腐烂、受地域性和季节性限制大的特点，生鲜 O2O 一直难以处理好物流配送与成本之间的关系，导致生鲜物流成本要比普通商品物流高得多。

除此之外，生鲜 O2O 领域竞争激烈，价格战的结果是生鲜 O2O 企业几乎都没有利润。

还有就是生鲜 O2O 的目标人群并没有所预估的那么庞大。有些生鲜 O2O 把目标人群定位在城市白领身上，但是，有意愿做菜又没时间买菜的城市白领的数量并不多。

综上几个例子，我们可以看到互联网思维所导致的一些陷阱，比如，盲目跟风、思考不全面等，这些都需要人们加以甄别和避免。

我们也可以得出这样的结论：很多人做 O2O，只是搭建了一个平台，但对于线下的服务和体验，要么是没有思考全面，要么就是难以保证。可以这样说，没有好的服务和体验，一切 O2O 都是纸老虎。

而且，O2O 行业的烧钱问题严重。烧钱只能起到一定的作用，但治标不治本。如果想要用烧钱培养用户的消费习惯和忠诚度，显然是不可能的。只有真正地以用户为中心，站在用户角度去优化平台、优化服务、优化体验，赢得用户的认可，企业才能够获得成功。

在 O2O 行业竞争激烈的大背景之下，2015 年，中国互联网行业出现了多起行业巨头合并案。比如，大众点评网与美团网，这两者曾经是餐饮 O2O 领域的巨头企业。它们合并的原因有很多种，比如，减少竞争成本、提高用户体验，还有就是抱团取暖。随着BAT布局餐饮O2O领域，之前进行的"烧钱模式"难以持续，所以它们选择了抱团取暖。

一般来说，一个行业的两大巨头企业合并了，说明这个行业有可能已经是红海了，意味着创新机会和市场空间都不大了。

对于这样的转变，美团－大众点评（简称新美大）首席执行官王兴提出这样的论断，中国互联网行业已经进入"下半场"。

传统的互联网思维造就了BAT，但现在中国或许已经进入后互联网时代，传统的互联网思维开始慢慢失效。

这意味着新生的互联网企业和传统企业要懂得避开某些行业巨头的锋芒，走差异化发展道路，开拓新的市场。关于互联网思维的含义，可能还是大佬们说的那些话，但在运用过程中需要更加灵活多变。

第八章
入 口

必要
互联网人做的东西要更轻一些
痛点在哪里
"互联网+",大众创业、万众创新的平台

必要

在前几章中，我们总结了很多商业案例，并诠释了一些近些年来被证明是成功的互联网思维，比如，用户体验、粉丝经济、免费思维、极致思维、个性定制、参与感、大数据思维等，它们一一对应着相应的操作方法。

毋庸置疑，互联网企业和传统企业运用互联网的方法有很多种，在成功的企业中，也可以看到不同的互联网方法、不同的互联网思维。最后，我们会发现在这么多互联网方法中，有的企业运用了其中的几点，有的企业则只运用了一点，还有的在企业的方方面面都运用了互联网方法、互联网思维。当然，即便企业在各个方面都运用了互联网思维，但肯定也会有侧重点。

所以，我们得出的结论是，企业在运用互联网思维中，只需要牢牢抓住适合自己企业发展的某一点或某几点，就可能走向成功，而不需要把所有互联网思维都运用在自己的企业经营中。

这些互联网思维（用户体验、粉丝经济、免费思维、极致思维、个性定制、参与感、大数据思维等）是企业成功的必要条件，如果没有A（互联网思维），则必然没有B（企业成功）；如果有A而未必有B。

企业只需要抓住其中的几点或一点，就可以找到走向成功的入口。当然，最后到底成不成功，那就不一定了。所以，对于企业来说，关键是需要消化内容丰富的互联网思想，并结合企业的发展和市场的现状等客观条件总结适合自己的互联网方法、互联网思维。

事实上，企业用错互联网思维的结果可能也是致命的。比如，很多O2O企业大胆地运用免费思维，他们大把大把地烧钱，以培养自己的用户，最后的结果往往是失败。

有人说，雷军作为一名在互联网和资本圈混迹多年的人，拥有各种天然的优质资源：资本、人脉、技术、传播、平台……雷军用互联网思维就成功了，但如果你照搬去做，可能就会失败。

在某些情况下，企业在运用互联网思维的过程中，发生自相矛盾的情况也是正常的。比如，小米的互联网思维七字诀"专注、极致、口碑、快"，其中的"极致"与"快"在某种程度上就是自相矛盾的。因为按常理来说，"极致"的理念要求企业用心地打磨产品，时间上肯定花得比较多，这和"快"的理念是冲突的。

这两种理念放在苹果手机的例子上，矛盾就显得更加明显，苹果手机追求极致，但是苹果一般一年出一款手机，速度是比较慢的。苹果以极致作为自己的方法论，而没有运用其他的互联网思维，说明企业并不需要追求"全部"的互联网思维。

除此之外，京东的例子更能说明问题。

在"互联网+"的发展大潮下，很多互联网企业走的都是"轻资产"路线。连传统巨头万达都宣布主推"轻资产模式"了。但是，作为电商的京东却开始走向"重资产"路线。

2015年年初，马云谈及竞争对手京东时说："京东将来会成为悲剧，这个悲剧是我第一天就提醒大家的，不是我比他强，而是方向性的问题，这是没办法的……所以，我在公司一再告诉大家，千万不要去碰京东。别到时候自己死了赖上我们。"马云指的是京东有过重的物流资产，包括京东仓库、配送点和超多人数的物流配送人员。

过去几年里，京东的发展一直着重于开辟新的市场。截至2014年年底，京东在全国建成了97个大型仓库，并拥有1808个配送站和715个自提点和自提柜。

如今，京东在全国拥有7大物流中心，自建物流已经覆盖了2493个区县，拥有5987个配送站和自提点，85%的订单都能够当日达或者次日达，其中一部分已经能够实现3小时极速达，随着京东物流的继续下沉，极速达的订单比例将快速上升。

京东的这一做法与其他大部分互联网企业的做法是相反的。大多数互联网企业总是在强调轻资产的重要性，京东的做法完全是传统企业的做法。所以，人们对于京东的质疑从来没断过。

那么，京东是怎样想的呢？

京东发现中国社会化物流成本非常之高。2014年，国家公布的社会化物流成本占GDP总值的17.8%，这个数字比欧盟、日本高出了10%。这是由于中国的商品搬动次数太多。

所以，京东决定自建物流，并将过去商品平均搬运次数的五到七次，减少一半以上。因此，京东物流的基本功能就是降低成本，提升交易效率。

京东的终极目标是只搬运两次，即通过京东物流，把用户订的产品从工厂直接送到消费者家中。

除了这个原因，最根本的原因是京东物流可以提高用户体验，这是刘强东一直强调的。

这也是消费者普遍认同的，即京东物流的速度非常快，而且京东物流是有品质保障的，这两点也是普通物流的缺点和有待提高的地方。

而且，刘强东认为，京东做的物流并不是跟市场上所谓的快递公司一样，京东物流是提供供应链服务的。京东物流将来是京东的核心竞争力之一，也就是以较低的运作成本达到较高的客户服务水平。

京东的互联网思维的核心是提高用户体验，至于选择轻资产还是重资产，则需要看是否能够提高用户体验。

当然，京东并不是孤例。成立于2014年的互联网洗衣企业多洗，在成立一年多的时间里，每天都能拿到1万左右的订单量。

一般互联网洗衣企业的模式是平台型，也就是说自己本身不做干洗业务，而是发展足够多的干洗店加盟，由网络平台负责衣物的分发，再由兼职或全职人员上门收取衣服并送到就近的合作干洗店去清洗。

但多洗的模式是中央洗衣工厂模式，通过物流从用户的手中或是合作衣物代收点收取待洗衣物，汇集到多洗的洗衣工厂集中处理，清洗干净后，再由物流返回到用户的手中。多洗和京东一样偏向重资产模式。

多洗的中央洗衣工厂的设备专业，不但效率高，而且出错率低。比如，传统干洗行业的洗坏率大概是0.8%左右，多洗的洗坏率可以保持在0.2%以下。

多洗的最大优势在用户体验上。中央洗衣工厂强大的洗衣能力，保证用户能够获得高效、良好的用户体验。

从这几个例子中，我们可以看到，每一家企业都有自己的互联网思维，每一家企业在互联网思维的运用上都有侧重点，最终的目的就是以用户为中心，为用户提供更好的产品与服务。

对于众多创业者和企业家来说，互联网思维的内容太过复杂、丰富，导致他们难以加以运用。但当我们都朝着"以用户为中心"这一目标出发的时候，我们在运用互联网思维的时候也就有了目标，也就能够找到适合自己的互联网方法了。

互联网人做的东西要更轻一些

最近有一家明星创业公司颇引人关注，它就是神奇百货。这家初创的互联网电商公司之所以备受关注主要有两点：一点是其创始人王凯歆是一个90后的女孩，才17岁；另外一点是这个女孩参加北京卫视的创业真人秀节目的时候获得了1500万元A轮融资，公司估值6000万元，从此走红。

2016年6月，神奇百货大量裁员，由原来的80多人裁到十几人，王凯歆一时负面新闻缠身。为什么会这样呢？归根结底还是盲目扩张队伍。

王凯歆接受采访时说："在最开始创业的时候，我只关注产品和运营，结果一旦快速扩到80多人的时候，最根本的管理跟不上，人事危机就开始爆发了。"

由于盲目扩张导致的内部管理混乱使得神奇百货的管理层与一线员工发生断层，导致管理层的想法难以贯彻，企业与用户产生脱节。

不少创业公司总是喜欢一口吃成胖子，但换来的往往是血的教训。我们前面提到的凡客也是如此。伴随扩张带来的是，库存失控、管理失控、供应链等各方面的失控，疲于应付，结果企业一落千丈。凡客不是一家互联网初创公司，但是，连凡客这样成熟的企业也会犯类似的错误，更别说初创公司了。

有的创业公司成功地融到了钱，就喜欢烧钱，没有注意到稳定的重要性，把钱花在哪里、花钱的速度、距离下一次融资需要多长时间，对这些问题的忽视导致了失败。

初创公司应该走"轻资产"路线，因为初创公司的发展路线并不固定，公司随时可能发生变化，这是抗风险的保证之一。当然，前面有些互联网公司也会走"重资产"路线，例如京东。但是，对于初创公司而言，"轻资产"路线显然是更合适的。

从目前的创业公司的烧钱速度来看，实在太夸张。我们之前提到的O2O企业都是大把烧钱的企业，盈利的可能性很低。

那么，对于初创公司而言，在花钱的问题上需要在以下几点保持警惕。

第一点，在扩张员工队伍上面要谨慎。

如果企业没有开始迅猛地发展的话，千万不能盲目扩张队伍。

除此之外，企业还要审视一下自己的产品与市场的契合度，如果自己的产品并非是市场上紧俏的产品或者自己的产品的市场需求量不大，那么，烧钱也就没有任何意义了。事实上，尽可能地发挥手中的人才的潜力才是最重要的。

第二点，保持收支平衡。

当企业没有资本来源的时候，企业的支出一旦大于收入，员工的工资问题就会成为炸弹，使得苦心经营的公司团队随时可能分崩离析。在这样的情况下，管理层可能会为了公司利益降低员工工资或者干脆不发，但一二线员工可是靠着工资过活的。

第三点，提高风险容忍度。

对于创业公司而言，风险无处不在。但我们面对风险的时候，也无须过于害怕，以至于寸步难行，这显然也是不利于企业发展的。

投资人把钱投给一个企业，本身就意味着信任，因为他们本可以把钱放在其他地方增值。

目前宏观经济开始下行，市场正处于转型升级中。就这点而言，这时候的创业者所面临的市场环境比较差，和之前的创业者相比，成功的可能性或许更低。

但创业者如果一直被这种不利因素左右，而没有意识到企业的主观能动性。那么，企业也可能被这种心态拖累。著名投资人徐小平就说过："如果创始人的心不死，那么创业公司就不会死。"

一家创业公司死掉了，原因无非有两种，一种是关键的创始人中途退出，另外一种就是资金链断裂。最可怕的就是这两种原因同时发生。

最后，德国最大的食品零售商阿尔迪的简单极致的经营哲学值得我们学习，阿尔迪和小米一样，卖最高性价比的产品。阿尔迪的门店大都开在租金低的社区当中，通过自有品牌，聚焦品类，大规模集中采购，实行精细化管理，从而薄利多销。

最关键的是，阿尔迪不像沃尔玛通过多品类满足消费者的多种需求，而是尽量把商品控制在 700 种以内，只卖最热销的商品，这使它在德国市场击败了沃尔玛。

痛点在哪里

国宾美景养生酒店是一家集住宿、餐饮、娱乐、休闲、养生和商务旅游于一体的五星级酒店。在移动互联网时代，国宾美景养生酒店以微信公众号为载体，打造了属于自己的移动互联网平台。

第一，可以满足消费者多种支付的需求。

第二，解决了消费者和酒店信息不对称的问题，帮助消费者了解酒店。

第三，方便消费者预订酒店产品以及其他的酒店服务。

除此之外，客房可以在线预订。入住酒店后，消费者可以用手机扫一扫房间的专属二维码进行在线点餐，点餐后，后台会自动打出三联小票，并自动打单分配到终端，为送餐到房间做准备。

消费者进餐时，想加菜或者点菜，可以不需要呼叫服务员，通过扫一扫每个餐桌面上的点餐专属二维码进行在线点餐，选择自己喜欢的菜，并在线支付。

国宾美景酒店作为一家传统企业，通过一系列的手段，实现了"互联网+"，可以说，这适应了消费者在互联网时代的消费习惯。

长久以来，消费者对于传统星级酒店的痛点有付款方式单一；对酒店具体情况不了解，不敢贸然入住；生活消费不方便，等等。

国宾美景通过"互联网+"的方式，一定程度上解决了这些痛点，提高了消费者的用户体验。

抓住用户的痛点是企业成功的关键。对于企业来说，痛点即商机。

在此不得不提到陌陌，在即时通讯领域，腾讯一家独大，陌陌在微信和QQ的围剿下竟然安然存活，并快速壮大，成为一匹当之无愧的黑马。陌陌的定位是"与陌生人交友"，民间对它的称呼是"约炮神器"，这样的独特定位使它有别于QQ与微信。

陌陌告诉我们要挖掘用户未得到满足的情感和体验，这其中就有富含商机的用户痛点。而且，不要畏惧在某个领域已经被某个或某些巨头企业"垄断"的现状，陌陌的成功告诉我们，抓住那些被企业巨头们忽略的用户痛点就能够获得成功。

手机行业在近几年获得了高速的发展。但是，2015年大部分智能手机的增长速度已经出现下滑。对于手机企业来说，市场逐渐趋于饱和。而且，在智能手机高度同质化的当下，消费者换机的消费欲已经没有像以前那么强烈了。

在这样的背景下，想要抓住消费者的痛点，已经变得困难。小米在 2016 年全球第一季度智能手机市场份额严重下滑，跌出全球前五，前五名分别为苹果、三星、华为、OPPO 和 VIVO。

VIVO 全球副总裁冯磊说道："经过用户洞察和体验反馈，我们发现'稳定、流畅（快）、续航、安全'是目前用户体验的四个痛点，在这几个体验方面的突破便是我们的目标。"

对于广大创业者和企业家来说，发掘用户痛点是一项长期的工作，它需要创业者和企业者掌握各方面的知识和能力，不仅要拥有专业的商业知识和能力，而且要擅长运用心理学、社会学等方面的知识。毋庸置疑，用户痛点就是一座未被发掘的金矿。

"互联网+"，大众创业、万众创新的平台

李克强总理多次在公开场合发出"大众创业、万众创新"的号召，他提出，要在960万平方公里的土地上掀起"大众创业""草根创业"的新浪潮，形成"万众创新""人人创新"的新势态。所以，他每到一地考察，几乎都要与当地年轻的"创客"会面。

2015年9月16日，李克强总理主持召开国务院常务会议，部署建设大众创业、万众创新支撑平台，用新模式汇聚发展新动能。

会议认为，推动大众创业、万众创新，需要打造支撑平台，特别是要利用"互联网+"，积极发展"众创、众包、众扶、众筹"等新模式，促进生产与需求对接、传统产业与新兴产业融合，有效汇聚资源推进分享经济成长，发展新格局。

说到"互联网+"，早在2015年3月5日第十二届全国人民代表大会第

三次会议上，李克强总理在《政府工作报告》中就明确提出制定"互联网+"行动计划，推动移动互联网、云计算、大数据、物联网与现代制造业结合，促进电子商务、工业互联网和互联网金融健康发展，引导互联网企业拓展国际市场。国家还设立 400 亿元新兴产业创业投资引导基金，要整合筹措更多资金，为创业、创新加油助力。

互联网产业作为一个新崛起的事物，某种程度上与传统产业存在利益上的矛盾，比如，互联网金融对传统金融的冲击。但是，国家还是鼓励人们进行类似的创新，一些原本被国企垄断的领域将慢慢走向开放，大量传统企业将面临转型和重组……中国的市场经济将发生深刻的变化。

这就意味着大量的政策红利的释放，这个时代的创业者并不缺少创业的机会。

而且，随着互联网数据技术和相关"创业服务产业"的发展，人们的创业门槛也将变得越来越低。投资者们更加看重创意和创新，甚至只要你有一个点子，创业就可以马上进行。

当然，人们对"互联网+"的认识还有待深化。很多人会认为是"互联网+传统行业或企业"，其实这只是一种浅层次上的认识。打个比方，汽车能够在马路上飞驰并不是因为简单地在车身上装上了四个轮子，而是有一套完整的驱动装置，有了燃料，有了动力，汽车才能高速前进。

所以，"互联网+"也并非仅仅在传统行业的基础之上简单加上互联网。

"互联网+"指的是在互联网时代，在互联网飞速发展的情况之下，打破传统行业间的壁垒，打破旧的认知，打破传统的生产、销售、宣传方式。

"互联网+"更强调的是创新，这种创新既有逆袭式的创新，也有顺势式的创新。

互联网促进了一些传统行业的更新换代，甚至重新洗牌，曾经流行这样一个段子：邮政行业不努力，顺丰就替它努力；银行不努力，支付宝就替它努力；通信行业不努力，微信就替它努力；出租车行业不努力，滴滴、快的就替它努力……如今滴滴与快的早已合并，由这两家公司培养起来的打车市场也随之整合，联手对抗优步等打车平台，将市场不断做大。

还有另外一个段子：百度干了广告的事，淘宝干了超市的事，阿里巴巴干了批发市场的事，微博干了媒体的事，微信干了通讯的事，不是外行干掉内行，是趋势干掉规模。互联网起到的就是这样一个作用，给传统的行业无形之中施加压力，逼迫那些做得不够好的行业不断创新，不断提高效率，提升服务质量。

当然"互联网+"也可以是一种顺势创新，互联网对传统领域的改变是潜移默化的。比如，在我们所熟知的娱乐餐饮领域，我们的生活其实早已被"互联网+"所占领：互联网加电视娱乐，于是兴起了众多娱乐视频网站，再比如深受年轻人喜欢的湖南卫视也有了自己的独立视频网站——芒果TV；互联网加餐饮行业，便有了我们今天所看到的众多团购、外卖网站；互联网加婚恋交友，于是诞生了大量的相亲交友网站；如今年轻人找工作不再需要专门跑到各个人才市场、招聘大会上，招聘信息在智联、58等招聘网站上便能够轻松浏览……

经过这几年的发展，再看看我们身边的现实，我们打车用的是打车App，出行用的是地图App，吃饭时可以通过餐饮App获得优惠券，购买景区门票时也可以通过手机App……几乎所有行业、所有购物行为都与互联网和互联网技术产生了密切的联系。

不仅如此，我们还可以憧憬可联网的智能家电普遍应用在我们的厨房、客厅，在不久的将来，也许智能汽车会让大多数人无须手动驾驶，就可以翻山越岭……

如今，已经没有哪个行业再轻视互联网的作用。

当然，"互联网+"并不是让每一家公司都变成互联网公司，而是在本行业的基础之上加深对互联网的理解与运用。

在这样的变革时代，中国的创业者需要把握住时代的机遇，世间万物都处在永恒的发展变化之中，想要适应新的时代，最关键的就是改变自己的思想。

"互联网+"要求人们打破固有的思维和原有的格局，其中的核心是思维的转变，而非仅仅限于对工具的利用，人们通过思维和心态的变革，进而对经营模式和用户关系进行变革，才能最终实现自我和企业的价值。

图书在版编目（CIP）数据

入口：“互联网+”时代才刚刚开始 / 侯玉斌著. --北京：华夏出版社, 2017.1
ISBN 978-7-5080-8969-0

Ⅰ.①入… Ⅱ.①侯… Ⅲ.①网络经济-研究 Ⅳ.①F49

中国版本图书馆CIP数据核字(2016)第238466号

版权所有，翻印必究

入口：“互联网+”时代才刚刚开始

作　　者：侯玉斌
责任编辑：王占刚　许　婷

出版发行：华夏出版社
经　　销：新华书店
印　　刷：三河市少明印务有限公司
装　　订：三河市少明印务有限公司
版　　次：2017年1月北京第1版　2017年1月北京第1次印刷
开　　本：720×1030　1/16开
印　　张：13
字　　数：120千字
定　　价：36.00元

华夏出版社 网址:www.hxph.com.cn 地址：北京市东直门外香河园北里4号 邮编：100028
若发现本版图书有印装质量问题，请与我社营销中心联系调换。电话：（010）64663331（转）

迅鹰，最具影响力的企业出版与文创品牌

迅鹰是谁

向鹰学习高效、精准、务实的精神。八年来，迅鹰出版了一批企业案例和企业家经营思想的图书，成功构建了新的商业案例、经营模式、行业研究的经管图书出版体系与文创传播体系。

个性化策划

迅鹰从企业文创层面入手，挖掘每一个企业独到的成功、成长之道，针对不同行业、领域、现状的企业策划个性化企业出版与文创服务。迅鹰认为，一本书，不仅是一座陈列馆，不仅是一段创业的感悟。出书，更是一个深度醒觉与重新上路的过程。

迅鹰团队

十四年文创、媒体、出版行业实操经验，八年连续创业者。

全流程

迅鹰提供全流程的企业出版服务，您只需告诉我你想要达成什么？其他的一切，交给我们。

媒体推广

不少于1000家媒体全面覆盖。

扫一扫，联系我！